广告创意与创新思维

Advertising Creativity and Innovative Thinking

王 倩 何 鑫 ◎著

·北京·

图书在版编目（CIP）数据

广告创意与创新思维 = Advertising Creativity and Innovative Thinking / 王倩, 何鑫著. -- 北京：科学技术文献出版社, 2025.5 (2025.11重印). -- ISBN 978-7-5235-2286-8

Ⅰ. F713.8

中国国家版本馆CIP数据核字第2025AK4379号

广告创意与创新思维

策划编辑：崔　静　　责任编辑：邱晓春　　责任校对：彭　玉　　责任出版：张志平

出 版 者	科学技术文献出版社
地　　　址	北京市复兴路15号　邮编　100038
出 版 部	（010）58882943，58882087（传真）
发 行 部	（010）58882868，58882870（传真）
官方网址	www.stdp.com.cn
发 行 者	科学技术文献出版社发行　全国各地新华书店经销
印 刷 者	北京虎彩文化传播有限公司
版　　　次	2025年5月第1版　2025年11月第2次印刷
开　　　本	710×1000　1/16
字　　　数	140千
印　　　张	9.5
书　　　号	ISBN 978-7-5235-2286-8
定　　　价	42.00元

版权所有　违法必究

购买本社图书，凡字迹不清、缺页、倒页、脱页者，本社发行部负责调换

在当今数字化浪潮中,作为一种强大的营销工具,广告的重要性不言而喻。传统广告模式已经难以满足现代社会信息爆炸和媒介多元化,以及消费者注意力易被分散的实际状况,为了让广告设计在众多信息中脱颖而出,实现广告预期的营销目标和传播效果,广告从业者需要突破传统思想束缚,探索更具创新性的广告创意方法,以吸引消费者目光并激发他们的购买欲望。

广告不仅是简单地表达和传播产品或服务的信息,更是一种能够引起消费者共鸣和触动受众情感的艺术表达,而广告的策略和创意是点燃共鸣和引起触动的引擎。本书聚焦广告创意策略与创新思维这一关键领域,旨在探讨广告策略和创意的本质、原则,剖析创新思维在广告教学实践中的应用方法,为学生广告创新思维模式和创意策略方法的学习提供理论框架和操作指南。

凭借深厚的高校教育行业背景及对广告课程的深刻认识,笔者围绕理论根基、实践能力、跨学科融合和职业素养等方面,重点论述如何培养学生的广告创意策略与创新思维能力。本书汇集了学生参与各项赛事的练习成果和实践作品,虽然大多数作品仍不够成熟,但它们见证了学生广告课程学习的一个重要过程。结合这些实际案例,本书详细阐释了广告创意策略与创新思维的产生过程、培养方法,希望学生在实践应用过程中能将两者有机结合,并使其成为自己的得力助手,同时也为对广告行业感兴趣的读者提供了一个全面了解广告创意策略与创新思维的窗口。

本书的撰写与出版得益于2018年"广告策划与创意设计"校级教材的建设立项和2023年"广告策划与创意设计"校级课程思政的建设立项。在此,要感谢贺州学院秉持"自强、自立、求知、求真"校训精神所营造的积极氛围,感谢贺州学院高度凝聚的学术氛围,感谢学院领导的关心和鼓励,感谢设计专业同人们的支持,以及在此求知路上提供帮助的所有人。

王 倩

在当今数字化浪潮中，作为一种强大的营销工具，广告的重要性不言而喻。传统广告模式已经难以满足现代社会信息爆炸和媒介多元化，以及消费者注意力易被分散的实际状况，为了让广告设计在众多信息中脱颖而出，实现广告预期的营销目标和传播效果，广告从业者需要突破传统思想束缚，探索更具创新性的广告创意方法，以吸引消费者目光并激发他们的购买欲望。

广告不仅是简单地表达和传播产品或服务的信息，更是一种能够引起消费者共鸣和触动受众情感的艺术表达，而广告的策略和创意是点燃共鸣和引起触动的引擎。本书聚焦广告创意策略与创新思维这一关键领域，旨在探讨广告策略和创意的本质、原则，剖析创新思维在广告教学实践中的应用方法，为学生广告创新思维模式和创意策略方法的学习提供理论框架和操作指南。

凭借深厚的高校教育行业背景及对广告课程的深刻认识，笔者围绕理论根基、实践能力、跨学科融合和职业素养等方面，重点论述如何培养学生的广告创意策略与创新思维能力。本书汇集了学生参与各项赛事的练习成果和实践作品，虽然大多数作品仍不够成熟，但它们见证了学生广告课程学习的一个重要过程。结合这些实际案例，本书详细阐释了广告创意策略与创新思维的产生过程、培养方法，希望学生在实践应用过程中能将两者有机结合，并使其成为自己的得力助手，同时也为对广告行业感兴趣的读者提供了一个全面了解广告创意策略与创新思维的窗口。

本书的撰写与出版得益于2018年"广告策划与创意设计"校级教材的建设立项和2023年"广告策划与创意设计"校级课程思政的建设立项。在此，要感谢贺州学院秉持"自强、自立、求知、求真"校训精神所营造的积极氛围，感谢贺州学院高度凝聚的学术氛围，感谢学院领导的关心和鼓励，感谢设计专业同人们的支持，以及在此求知路上提供帮助的所有人。

王 倩

目 录
CONTENTS

第1章 广 告 1
1.1 广告的基本概念 1
1.1.1 广告概述 1
1.1.2 广告的构成要素 2
1.1.3 广告的本质与目的 2
1.2 广告的种类 3
1.2.1 按目的和内容分类 3
1.2.2 按传播媒介分类 4
1.3 广告的发展历程 5
1.3.1 古代中国广告的发展 5
1.3.2 近代中国广告的发展 5
1.3.3 现代中国广告的发展 6

第2章 广告策略 9
2.1 广告策略的优先性 9
2.1.1 策略优先,再谈创意 9
2.1.2 广告策略中的创意要素 14
2.1.3 广告策略的必要性 16
2.2 广告战略的三大部分 20
2.2.1 广告目的 20
2.2.2 广告战略的制定和执行 21
2.2.3 广告预算 24
2.3 策略创意的理论 25

2.3.1　独特销售主张（USP 理论）..24
　　2.3.2　ROI 与共鸣理论..25
　　2.3.3　品牌形象理论..25
　　2.3.4　定位理论..26

第 3 章　广告文案..27
3.1　广告文案的基本概念..27
　　3.1.1　生活处处有文案..28
　　3.1.2　广告文案何止文字..30
3.2　广告文案的必备素养..31
　　3.2.1　广告口号的基础知识..32
　　3.2.2　广告口号的三种级别..33
3.3　系列广告文案..36
　　3.3.1　系列广告的核心性..36
　　3.3.2　系列广告形式..37
　　3.3.3　核心概念..38

第 4 章　广告创意..41
4.1　创意的定义..41
　　4.1.1　创意与创意产业..41
　　4.1.2　创意的分类..46
4.2　创意思维..47
　　4.2.1　认识创意思维..47
　　4.2.2　创意思维原则..48
4.3　广告创意的概念与表现..49
　　4.3.1　广告创意的概念..49
　　4.3.2　广告创意的原则..50
　　4.3.3　广告创意的表现..52

第 5 章 广告创意的思维 61
5.1 思维与创意思维 61
5.1.1 思维的概念和特征 61
5.1.2 创意思维的生成 62
5.2 思维的特质 64
5.3 创意思维训练 66
5.3.1 创意思维的过程和方法 66
5.3.2 求异与形象思维训练 67
5.3.3 扩散思维与集中思维训练 69
5.3.4 联想与逆向思维训练 72

第 6 章 广告的视觉基本要素 75
6.1 图形是一种视觉语言 75
6.1.1 图形与图像 75
6.1.2 图形表现的基本原则 76
6.1.3 图形的创意表现——提升图形的看读效果 78
6.2 字体让阅读成为悦读 81
6.2.1 广告中字体设计的基本原则 82
6.2.2 广告中字体设计的表现方法 82
6.3 色彩的构成要素 84
6.3.1 广告中色彩的作用 84
6.3.2 广告中色彩应用的原则 86
6.3.3 广告中的色彩搭配技巧 87
6.4 版式建立视觉沟通的秩序 90
6.4.1 版式的构成元素与视觉秩序 90
6.4.2 广告中版式的视觉流程 92
6.4.3 广告中版式构图的表现形式 94

第7章 广告媒体 ... 97
7.1 广告媒体概述 ... 97
7.1.1 广告媒体的概念 ... 97
7.1.2 广告媒体的作用 ... 97
7.1.3 广告媒体的分类 ... 98
7.2 广告媒体种类 ... 99
7.2.1 纸质广告 ... 99
7.2.2 户外广告 ... 102
7.2.3 广播影视类广告 ... 104
7.2.4 网络广告 ... 105
7.2.5 移动媒体广告 ... 106
7.3 广告媒体的选择与组合 ... 108
7.3.1 广告媒体的选择 ... 108
7.3.2 广告媒体的组合 ... 110

第8章 广告的修辞与传达 ... 113
8.1 视觉符号的方法 ... 113
8.1.1 视觉语言 ... 113
8.1.2 符号修辞手法 ... 114
8.2 广告的隐喻符号 ... 116
8.2.1 增强广告语言表达的修辞功能 ... 116
8.2.2 增强审美功能 ... 118
8.3 广告符号的解构与重组 ... 119
8.3.1 广告符号的解构 ... 119
8.3.2 广告符号的重组 ... 120

第9章 广告心互动 ... 123
9.1 服务心互动（感知） ... 123
9.1.1 服务与感知 ... 123

9.1.2 服务与需求 126
9.2 体验心互动（接收）..128
　9.2.1 多样的体验维度 128
　9.2.2 体验与记忆 130
9.3 感受心互动（接受）..131
　9.3.1 感受的情感反应 131
　9.3.2 感受的态度反应 132
　9.3.3 感受的行为反应 134

参考文献 137

第 1 章　广　告

广告是一种复杂的社会现象，它不仅影响着人们的生活方式和消费习惯，也反映了经济和社会的发展。随着科技的进步和市场的变化，广告的形式和策略将继续演化，但其传递信息、影响消费者行为的基本目的将始终不变。

1.1　广告的基本概念

1.1.1　广告概述

1. 广告

从字面意思理解，广告即广而告之。它告知人们某件事情或劝告人们要遵守某一约定，通过传播媒体向特定对象做出信息传播和情感表达，是向大众传递信息的一种手段。

在定义上，广告可以被理解为一种信息的传播活动，它通过各种媒介向公众传达特定的信息，以达到促销、教育或说服等目的。随着技术的发展和社会的变化，广告的定义也在不断扩展和深化，以适应新的传播环境和市场需求，其核心要素主要包括传播目的、媒介、目标受众和说服性内容。

2. 广义与狭义的广告

从广义的角度来看，广告可以分为经济广告和非经济广告。从狭义的角度来看，广告即经济广告。

经济广告，也称商业广告，是一种通过付费的方式，利用各种媒介向公众传递信息的活动，其主要目的是影响消费者的认知、情感和行为，从而促进产品或服务的销售。

非经济广告,主要是为了推广,不以营利为目的,包括政府部门、事业单位、个人的声明与启事等。

1.1.2 广告的构成要素

广告的构成要素可以从多个角度进行分析,不同角度的构成要素有所不同。以下是几种常见的广告构成要素。

（1）广告主体：广告主体是指广告主、广告经营者和广告发布者。通常是指广告主,即进行广告活动的组织或个人。广告主负责策划、创意、宣传和实施广告活动。

（2）广告信息：广告信息是广告的核心内容,包括产品或服务信息（特点、质量、功能、使用方法和价格）、品牌信息（名称、标志、口号、品牌形象和品牌文化）、企业信息（发展历程、规模、荣誉、责任和义务）等。而广告信息要通过视觉、听觉等符号传达给目标受众。

（3）广告媒介：广告媒介是广告信息传播的载体、渠道。广告媒介的类型众多,还具有覆盖面广泛、影响力强和权威性高的特点,因此在数字化飞速发展的时代,选择合适的媒介是广告成功的关键因素之一。

（4）广告受众：广告受众是广告活动所针对的特定群体,是广告信息的传播对象,了解目标受众的需求和偏好,对制定有效的广告策略至关重要。

（5）广告费用：广告费用是指进行广告活动所需支付的成本,包括制作费用、媒介投放费用等,即广告策划、设计、制作、媒体发布等方面的费用。

（6）广告效果：广告效果可以衡量广告活动达成预期目标的程度,通常通过市场调查和数据分析来实现,一般包括传播效果、销售效果和品牌效果。

（7）创意和设计元素：广告的创意和设计元素包括标题、正文、图像、色彩、布局等。这些元素共同作用,吸引受众的注意并向其传达广告信息。

1.1.3 广告的本质与目的

1.广告的本质

广告的本质是一种信息传播活动。广告通过各种媒体向消费者传递特定信息的产品或服务，引起他们的兴趣并激发其购买欲望。广告不仅是简单的推销工具，还是一种商业行为，它涉及创意和艺术，通过精心设计的文字与图像来吸引和维持消费者的注意力，从而增加品牌曝光度和产品销量。广告的本质也被描述为宣传，是企业与消费者的一种沟通方式，是表达品牌理念、文化价值和情感联系的有效途径，它通过内容和媒介影响消费者的内在情绪与行为，促使消费者采取行动。

2. 广告的目的

广告的主要目的是促进销售和提升品牌知名度。广告通过提供信息、诱导消费、提升品牌知名度等方式，最终促使消费者购买产品或服务。广告还可以帮助企业在市场中建立品牌形象，增强消费者的信任和好感，从而推动销售额增长。

总的来说，广告的本质就是信息传播活动，其目的就是通过多元化方式吸引消费者的注意，促使他们购买产品或服务，以及通过传播手段推进由生产到消费的转化，从而实现销售和品牌推广的目标。

1.2 广告的种类

广告是一系列的社会活动，它主要包括广告内容、形式、目的和传播媒介等。

1.2.1 按目的和内容分类

一、按广告目的分类

1. 品牌形象广告

品牌形象广告侧重传达产品的社会文化内涵和塑造品牌个性，长期塑造品牌形象与价值观，如品牌广告、概念广告、公益广告。

2. 效果广告

驱动转化，营利性广告是以追求经济利益为主要目的，通过宣传产品或服务的特点、优势和价值，促进销售增长。非营利性广告不以营利为目的，是为实现其他社会目标或公共利益进行公益宣传或推广的广告形式，这类广告有助于重要公共信息的传递。

二、按广告内容形式分类

1. 硬广告

硬广告通常指的是那些直接、明显且往往带有强制性质的广告。这类广告的特点是直接向消费者传达产品或服务的信息，往往采用生硬的露出方式，"强迫"受众接收信息，如大多数传统广告。

2. 软广告

软广告通过巧妙和适当的方式传达广告信息，使消费者在大环境中顺理成章地接受广告内容。这种广告形式强调与受众的互动，避免了硬广告的强制性和灌输性，如植入式广告、原生广告、社交媒体上的互动式广告等。

3. 告知性广告、环境刺激性广告和亲身体验性广告

告知性广告是向目标受众传达产品或服务的信息，以消除市场信息不对称，帮助消费者了解产品的功能、特点和优势。

环境刺激性广告是一种利用环境媒体和感官刺激来增强广告效果的广告形式，强调与受众的互动和个性化体验。

亲身体验性广告通过提供实际的产品或服务体验来吸引消费者的注意和兴趣，增强了消费者的参与感和满意度，从而有效地提升广告效果。

1.2.2 按传播媒介分类

1. 传统媒体广告

报纸、杂志、电视和广播等是传统的广告传播媒介。

2. 数字媒体广告

利用互联网、移动设备等数字平台进行广告投放和传播，包括文本链接广告、电子邮件广告、弹出式广告等。

3. 社交媒体广告

在各种社交媒体平台上进行的付费广告活动，包括弹幕视频广告和创意中插广告等。

1.3 广告的发展历程

1.3.1 古代中国广告的发展

古代中国广告的发展史是一个复杂而丰富的过程,其发展历程与中国的社会经济、文化背景紧密相关。从原始社会到封建社会再到近现代,广告的形式和内容经历了多次变革。

在原始社会解体、奴隶制出现初期,中国古代广告开始产生。随着商品交换的逐渐频繁,最早的广告宣传形式开始出现,这一时期的广告形式较为简单,主要包括口头叫卖和实物展示。这些广告形式简单直接,旨在吸引顾客的注意并促进交易达成。

随着春秋战国至唐宋时期封建社会的逐步繁荣,广告形式开始多样化,包括声音广告、招牌广告、旗帜广告等。特别是在唐宋时期,随着印刷技术的进步,印刷广告开始出现并逐渐发展起来。此外,随着中外商家的云集和竞争的加剧,广告在商品营销中的作用日益凸显出来。

到了元、明、清三代,随着商业中心城市的增多和交换区域的扩大,广告表现形式趋向完备,内容也更加丰富多彩。这一时期,印刷广告得到了进一步的发展和普及,成为传播商业信息的重要手段。此外,招幌广告作为一种重要的视觉广告形式,在中国古代广告史上占据了重要地位。

清末以来,随着西方文化的输入和印刷技术的进一步发展,中国古代广告开始受到西方设计的影响,广告设计开始出现新的变化。同时,对广告的研究也逐渐成为学术界关注的焦点,学者们开始系统地研究中国古代广告的起源、表现形式、分类及其发展过程中的规律和特点。

1.3.2 近代中国广告的发展

从19世纪中叶开始,随着西方列强的入侵和西方文化的输入,中国近代的广告业开始逐渐发展起来。近代中国广告的发展涉及文化、经济、政治等多个方面的相互作用,是一个复杂而多维的过程。

1. 早期阶段（1840—1911年）

这一时期，中国广告业的发展主要受西方的影响。最早的广告形式多为口头宣传或简单的印刷品，如《申报》等报纸开始刊登广告，标志着近代广告形式的初步出现。这一时期的广告主要是外商为了推广其商品而使用的，本土的商业广告尚未形成规模。

2. 发展期（1912—1949年）

辛亥革命后，随着新政治体制的形成和民族意识的觉醒，中国的广告业开始快速发展。这一时期，广告不仅用于商业推广，还开始承担起宣传国家政策和社会价值观的功能。《大公报》等报纸在这一时期尝试向现代报纸转型，并在广告内容和形式上进行了创新。此外，民国时期，随着西方广告学的引入，中国的广告业获得了长足的发展，并进入了发展的第一个高峰期。

近代中国广告的一个显著特征是其从西方学习到最终形成具有中国特色的广告体系。这一过程不单是技术或形式上的模仿，更是内容和理念上的融合与创新。例如，《大公报》的广告发展就体现了从引进到融合再到创新的过程。同时，广告的内容也从单纯的商业推广转向了更多元的社会功能，如提升民族意识和塑造国家形象。

近代中国广告的发展也对社会经济和文化产生了深远的影响。它不仅促进了商品的流通和市场的扩展，还影响了公众的信息获取方式和消费习惯。此外，广告作为一种文化现象，也反映了社会变迁和文化冲突。

1.3.3　现代中国广告的发展

现代，中国广告业的发展经历了多个阶段，从改革开放初期的恢复和初步发展，到后来的快速发展、多元发展、科学发展和黄金发展。特别是在互联网和新媒体的推动下，中国广告业进入了快速发展的新阶段，互联网广告成为主导力量。

在这一过程中，中国广告业不仅在规模和数量上迅速增长，而且在创意和国际化方面也取得了显著成就。例如，植入式广告和原生广告的兴起，标志着广告形式的创新和多样化。同时，中国加入WTO也为中国广告业带来了新的机遇和挑战。中国广告业的发展还受到政策和市场环境的影响，积极融

1. 早期阶段（1840—1911年）

这一时期，中国广告业的发展主要受西方的影响。最早的广告形式多为口头宣传或简单的印刷品，如《申报》等报纸开始刊登广告，标志着近代广告形式的初步出现。这一时期的广告主要是外商为了推广其商品而使用的，本土的商业广告尚未形成规模。

2. 发展期（1912—1949年）

辛亥革命后，随着新政治体制的形成和民族意识的觉醒，中国的广告业开始快速发展。这一时期，广告不仅用于商业推广，还开始承担起宣传国家政策和社会价值观的功能。《大公报》等报纸在这一时期尝试向现代报纸转型，并在广告内容和形式上进行了创新。此外，民国时期，随着西方广告学的引入，中国的广告业获得了长足的发展，并进入了发展的第一个高峰期。

近代中国广告的一个显著特征是其从西方学习到最终形成具有中国特色的广告体系。这一过程不单是技术或形式上的模仿，更是内容和理念上的融合与创新。例如，《大公报》的广告发展就体现了从引进到融合再到创新的过程。同时，广告的内容也从单纯的商业推广转向了更多元的社会功能，如提升民族意识和塑造国家形象。

近代中国广告的发展也对社会经济和文化产生了深远的影响。它不仅促进了商品的流通和市场的扩展，还影响了公众的信息获取方式和消费习惯。此外，广告作为一种文化现象，也反映了社会变迁和文化冲突。

1.3.3 现代中国广告的发展

现代，中国广告业的发展经历了多个阶段，从改革开放初期的恢复和初步发展，到后来的快速发展、多元发展、科学发展和黄金发展。特别是在互联网和新媒体的推动下，中国广告业进入了快速发展的新阶段，互联网广告成为主导力量。

在这一过程中，中国广告业不仅在规模和数量上迅速增长，而且在创意和国际化方面也取得了显著成就。例如，植入式广告和原生广告的兴起，标志着广告形式的创新和多样化。同时，中国加入WTO也为中国广告业带来了新的机遇和挑战。中国广告业的发展还受到政策和市场环境的影响，积极融

1.3 广告的发展历程

1.3.1 古代中国广告的发展

古代中国广告的发展史是一个复杂而丰富的过程,其发展历程与中国的社会经济、文化背景紧密相关。从原始社会到封建社会再到近现代,广告的形式和内容经历了多次变革。

在原始社会解体、奴隶制出现初期,中国古代广告开始产生。随着商品交换的逐渐频繁,最早的广告宣传形式开始出现,这一时期的广告形式较为简单,主要包括口头叫卖和实物展示。这些广告形式简单直接,旨在吸引顾客的注意并促进交易达成。

随着春秋战国至唐宋时期封建社会的逐步繁荣,广告形式开始多样化,包括声音广告、招牌广告、旗帜广告等。特别是在唐宋时期,随着印刷技术的进步,印刷广告开始出现并逐渐发展起来。此外,随着中外商家的云集和竞争的加剧,广告在商品营销中的作用日益凸显出来。

到了元、明、清三代,随着商业中心城市的增多和交换区域的扩大,广告表现形式趋向完备,内容也更加丰富多彩。这一时期,印刷广告得到了进一步的发展和普及,成为传播商业信息的重要手段。此外,招幌广告作为一种重要的视觉广告形式,在中国古代广告史上占据了重要地位。

清末以来,随着西方文化的输入和印刷技术的进一步发展,中国古代广告开始受到西方设计的影响,广告设计开始出现新的变化。同时,对广告的研究也逐渐成为学术界关注的焦点,学者们开始系统地研究中国古代广告的起源、表现形式、分类及其发展过程中的规律和特点。

1.3.2 近代中国广告的发展

从 19 世纪中叶开始,随着西方列强的入侵和西方文化的输入,中国近代的广告业开始逐渐发展起来。近代中国广告的发展涉及文化、经济、政治等多个方面的相互作用,是一个复杂而多维的过程。

入全球市场,通过国际化竞争视野和创新发展模式,不断提升国际竞争力。随着经济全球化和技术进步,广告业也在不断适应新的市场需求和消费者行为变化。

技术进步也是推动中国广告发展的重要因素之一,随着互联网和数字技术的发展,广告业开始向数字化、智能化转型。此外,中国传统文化元素也成为现代广告创意设计的重要组成部分。这不仅有助于提升广告的文化内涵和吸引力,也促进了中国文化在国际上的传播。

总体来看,现代中国广告业的发展是一个多元化、国际化和创新化的进程。目前,随着 AI 技术的深入发展,国际市场的多元变化,中国广告业抓住机遇在全球广告市场中占据更加重要的地位。

第 2 章

广告策略

广告策略可理解为广告创意的设计和计划。策略化的思考,能帮助设计者辨别问题和识别机会,从而获取消费者心理,使其在成千上万条广告创意中脱颖而出。因此,广告策略往往是广告中的具体对策和执行手段,指引着方向,负责解决广告中的实际问题。

2.1 广告策略的优先性

创意重要,策略更重要,策略往往指导设计创意的方向,是设计创意执行和完成的保障。策略的优先,强调的是策略在广告中占据重要的位置,是广告的重要组成部分,它属于市场营销策略的一部分,其目的是获取利益的最大化。广告策略重点在它的目的和定位上(隐藏的),广告创意重点在其表达内容上(直观的)。策略的重点是发现其背后的、隐藏的、不易被发现的事物。

2.1.1 策略优先,再谈创意

在广告圈里经常提到的一句话是:要么设计,要么被设计。或许,有人认为在设计中好创意最为重要,可如果没有好策略的实施和执行,又何谈创意?

1. 策略的优先性

策略优先,是指在广告设计中,策略比创意更重要。策略往往指导设计创意的方向,是设计创意执行和完成的保障,要精准地达到目标,就需要集中火力,保证一击即中。简单来讲,策略是能够达成目标的方法。

策略的优先性还在于它的条理性,做广告创意并不是一项、一个人的工作,而是一系列的、一群人的工作,它必须有详细而又准确的计划方案和措施。策略不仅是执行手段和对策,也能反映一个人或一个团队解决问题的办法和能力。

2. 策略与创意的关系

策略与创意密不可分,但又各有规律。策略往往是被隐藏的,是思维与谋略的一个过程;创意,则是策略的外在表现形式,主要点在内容的表达上,往往是视觉感官的、直观的。如图所示,"不做长嘴兽!""不做大耳妖!""不做多眼怪!"是围绕2020年初湖北武汉新冠疫情的暴发、全国上下齐心呼吁"不信谣、不传谣"的宣传语,精准地强调了宣传语的推广目的性,这是广告设计中策略优先性的体现。

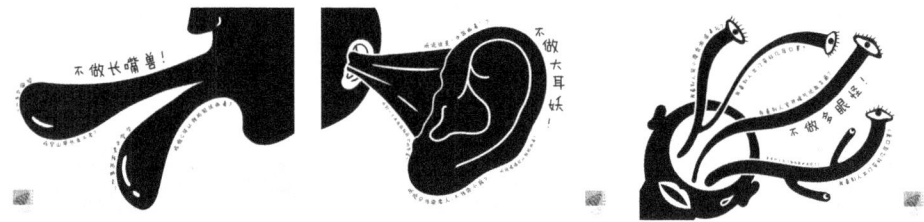

图片来源:指导17级学生设计作品

广告策略如同一座冰山,能观察到的仅是一部分,在进行广告策略制定时,更重要的是发挥自己的洞察力,发现其背后隐藏的、不易被发现的事物。洞察力很重要,能发觉众人未察觉但又需要的事物,往往这一部分隐藏在深处。

广告策略是市场营销策略的一部分,其重点在广告活动的目标或定位,而广告策略创意的重点在广告所要表达的内容上,是广告沟通传播的核心概念。广告策略创意,在创意中是表现整个广告策略的一个非常重要的环节,可以说是先有策略再有创意。

市面上的同类产品很多,如何辨别合适的策略创意?首先,可以从受众利益和关注点等角度出发。洞察和定位的准确,是广告策略创意的一个重要环节,目的是让有关产品和品牌的利益能够符合、甚至优先消费者的所需所想。一是让消费者明确产品的功能；二是让消费者享受独特的价值体验。其次，可以从传播者利益角度出发。广告创意可以促进销售，对广告创意的认知和接收，提升销售量；拓展延续性，广告策略创意是一个核心概念，其主要核心卖点是区别于同类产品或服务中最强有力的且独一无二的特征；还需因地制宜，把握广告目标受众群体的多重需求，找准其心理期待。总而言之，广告创意的最终目的就是促进销售。

3. 策略是达到目标的方法

例如，有人要去某地，不止一条路线可以抵达目的地。广告策略就是人们为了实现整体的营销目标所选择的路线，是广告中具体的执行手段和对策，负责解决实际问题。

在实践过程中常说的执行力不够，实际是在策略上存在问题。广告策略制约着广告创意与文案表现。在学习广告设计初期，学生一定要多花点时间去学习策略化的构思与表达，这样能让其作品不仅具有丰富的表现形式，而且更具有销售力。策略，实际是为实现整体的营销目标而制定的。

消费者有的偏向于理智，有的富于情感，有的会在消费前深思熟虑，有的仅是感性消费。因此，在制定广告策略时，要对不同的消费目标人群做不一样的定位。在面对偏向理智的受众群体时，要以产品和服务需求为导向；在面对情感丰富的受众群体时，需在受众感受和态度上做足功夫，对视觉类的传达、文字文案的抒情和故事情节的输送尤为重要；在面对深思熟虑的受众群体时，信息量的增加和轻重取舍非常重要，要有极强的逻辑性，在产品和服务中的文字文案要经过处理，才能在这一类受众人群中起到良好的效果；在面对感性消费者时，以自我满足为主导的产品和服务能起到吸引目标人群的作用，这一类受众群体往往具有个人品味和与众不同的气质，广告策略则需放在品牌本身。

4. 定位策略

所谓定位策略就是根据市场细分进行广告定位，是为潜在客户的心中设定产品或服务的特定位置，而这个位置是为突出独特产品所独有的。在进行广告定位前，要进行市场细分。市场细分是指市场的划分，它是企业制定其营销战略和广告策略的前提。市场细分能为企业在一个市场上找到有购买欲、购买习惯和购买态度的受众人群，企业通过瞄准特定目标人群，使其在大众化市场中优先选择自身宣传的产品或服务。该策略通过突出产品的独特优质特性，使其在同类竞争中形成差异化优势，从而构建强劲的市场竞争力。广告面对的受众人群绝不是所有人，市场细分能将广告定位作为一个科学有效的方法，它有助于正面分析问题，如产品的受众是谁？关注产品的人群一般出现在哪些地方？他们的消费能力如何？他们目前所需的同类产品有哪些？所广告的产品对比同类产品的优势在哪里？

市场细分的程序主要包括以下几个阶段：①调查阶段。调研消费者的动机、态度和行为信息，做产品属性及重要内容排列、对产品归类、使用方法和品牌等级的划分等。②分析阶段。通过调研报告做数据分析，查找相关性和差异性，提取有效信息并进行统计分析。③描述阶段。根据产生的数据分析，将受众群体按照不同的态度、行为、心理和习惯划分为相对具体的细分市场，再根据不同特征给每个细分市场命名。

广告定位策略中还包含产品定位、市场定位、质量定位、价格定位、观念定位、形象定位、功能定位、服务定位和心理定位等。

5. 创意策略

在广告创意策略中要坚持立于真实、突出个性、以小见大、删繁就简、注重文采、以情动人、意在言外与出奇制胜等八个策略。

真实是广告的生命，在能够表达广告真实性的广告创意中，实证广告是一种重要的方法；突出个性是广告最重要的特征，起到便于识别的作用；以小见大是通过对细节做出创意特写，突显产品或服务的优势；删繁就简是指广告语要言简意赅；如图所示，"握一掌在手，多元化不愁。"的广告语，是突出"掌阅"产品的特点，吸引人的广告必定在文案上有文采；以情动人强调的是广告中的情感思维，用多种手法使广告创意以情动人；意在言外是指语意含蓄，要借助形象欲擒故纵、避实就虚；出奇制胜是指广告要标新立异，并以推陈出新为产品的特点，达到出奇制胜的效果。

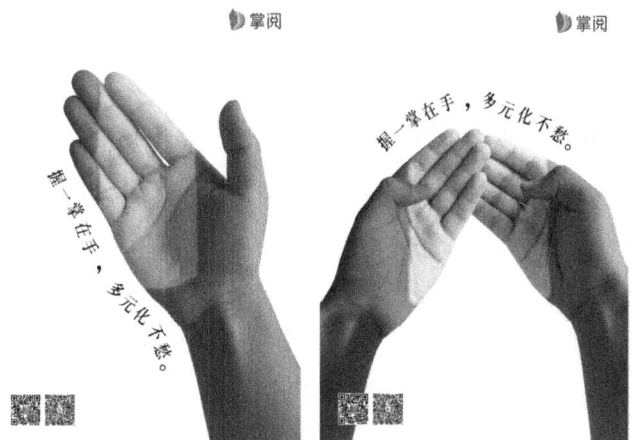

图片来源：指导17级学生设计作品

6. 视觉表现策略

在明确对象后制定相应的对策，广告才会行之有效。广告有针对性，创意才有价值，信息才能得到有效传播，社会效应和经济效应才能达到预期。具体可从以下几个方面思考：一是面对不同受众群体应有不同视觉表现策略。不同性别、不同年龄阶段、不同领域的职业、文化程度差异或社会地位的人，有着不同的心理特征和生活环境，他们的成长背景、生活习惯、兴趣、爱好和对事物的接受能力不同，因此明确受众范围后，应采用受众能接受的语言表达方式，创造受众所喜爱的视觉表达形式，有效地传播信息。二是不同的信息类别应有不同的视觉表现策略。不同信息内容可做类别归纳，如商业性和公益性，商品销售和社会教育等。不同的类别信息在策略选择上不相同，以商业为主的广告讲究商品或服务的艺术加工和装饰，塑造整体形象以刺激消费者，更易让受众接受；而以公益为主的广告则讲究启发性和共鸣性，应尊重受众的选择并引导受众。三是在不同环境下应采用不同的视觉表现策略。不同的背景、环境就会有不同的民俗民风、经济文化等，要充分考虑有利因素创造条件和机会，将不利因素转化为优势，在视觉表现策略上做出对应调整，才能有效传播信息。

广告策略，可以说是一种执行手段，是解决问题的办法。由以上分析可见，一个好的广告离不开好的创意和好的策略,广告创意是广告策划的一部分,而广告策略是市场营销的组成部分。

2.1.2 广告策略中的创意要素

策略与创意,虽是亲兄弟,还得要依据;虽然有依据,但别守规矩。策略是依据,创意是呈现。策略是广告创意的依据和来源,它是营销目标的整体实现;在广告中,是策略服从创意还是创意服从策略呢?首先,要明确一点,广告策略是市场营销策略的组成部分,它属于广告计划的组成部分。广告策略的重点在于广告活动整体的目标和定位,而广告创意的重点在于广告所要表达的内容,是广告有效沟通和传播的核心概念。广告策略创意的表现方式非常重要,它是创造性的表现整个广告策略的一个尤为重要的环节,有着桥梁的作用。

1. 策略是创意的依据

广告策略是创意的依据,并优先于广告创意,引导消费者目光的投放。能不能先产生创意?创意是策略执行中的一部分,从广告创意这个角度看,"诚实的广告才是最好的广告",空有创意的广告无法达成传播的目的。广告策划中一系列的思维与决策活动,是企业为实现广告目标而采取的广告活动的全面计划,这个计划不仅要明确广告的目标、策略、预算等决策,更要对广告策略的实施,包括媒体、方式、时机、效果测定等,做出具体安排。

2. 消费者的利益

广告策略创意是在达成目标前提下,将受众价值需求和体验的方式表达,达到受众所需所感,同时有满足甚至反馈。产品是面向制造商的,而品牌是面向消费者的。每个品牌中都一定有产品或者服务,但不是所有的产品或服务都可以成为品牌。例如,吉星系列广告:"不要用这种眼看我!我不过是比别人身子更长一些而已。""不要用这种眼看我,我不过是比别人多几排峰而已。""更长"和"多几排峰"的潜台词是不管它像驴还是像骆驼,能装就是匹好马,满足消费者内心需求,以夸张的形式呈现创意。

从消费者利益角度出发,他们的利益包括哪些?一是明确广告的功能获取——产品利益;二是广告独特的价值体验——品牌利益。品牌形象形成了消费者追求的重要价值,即产品是面向制造商的,而品牌是面向消费者的。

3. 传播者的利益

一是目标的导向性,行为导向的暗示,最终促进销售。目标导向——广告创意的最终目的就是促进销售。二是拓展的延续性,通过创意的物化形式(广告作品),将广告信息准确地、充分地传达给目标受众,这是设计与纯艺术的最大区别,广告设计一定是站在消费者的需求上,而不是自我欣赏的美的作品。从这一点出发,这就要求广告创意不是随着自己的喜好而定位或改变,它不是纯主观的意识创意作品,更不能随心所欲,而是在先有广告策略的指导下进行的创意执行,前提是策略优先,目标明确。

光明高钙奶广告图中的符号能够让人联想到白雪公主和七个小矮人的故事,故事中的人物形象是大家耳熟能详的,从图像中获取的信息得知,有了光明高钙奶,七个小矮人身高比白雪公主都高了。诙谐幽默的画面感顿时激发了受众人群的关注,吸引消费者目光,广告策略的目标定位和创意的表达十分准确。如图所示,"够靓,够来'劲'!",以诙谐幽默的方式突出产品特征——"韧劲",并与"够靓"符号元素结合在一起。

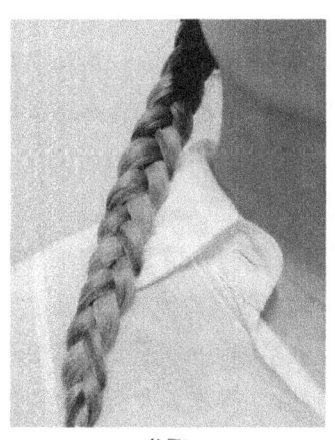

图片来源:指导17级学生设计作品

2.1.3 广告策略的必要性

策略的优先,强调的是策略在广告中的重要性,广告策略是市场营销策略的组成部分,其目的是促成利益的最大化。营销战略是核心,它决定着广告策略,而广告策略又制约着广告创意与文案表现。一个好的策略就像一个好的计划,能对广告目标产生推动作用。

1. 四态分析法

四态分析法包含市场形态、产品形态、竞争者动态、消费者心态。受众更希望的是广告能帮他们去解决问题,解决问题,就要考虑市场如何?竞争者是谁?产品怎么样?如何看待同类产品品牌或服务?

2. 4W 原则

4W 原则包括对谁说(Who)、为什么说(Why)、说什么(What)、怎么说(How)。

第一,要解决 Who 的问题,也就是在广告中对谁说的问题。这一环节是细分目标市场的过程,广告中的目标受众是谁?最希望哪些人购买产品?这是给目标消费群体下定义,制定所有策略的关键。在这个过程中,人们不可能跟每个人沟通,也不可能去满足所有人的需求。人们要做的是在多样化市场中,根据产品情况,从所有消费群体中精确细分出目标群体。目标消费者的性别、年龄、职业、教育程度、朋友圈等,他们的居住环境、购物习惯、兴趣爱好等,他们的品牌认知崇拜等,他们在购买行为中的价格导向性、随机性、计划性等,可以帮助广告更好地确定潜在消费对象及其消费需求。

在多样化的人群中,要根据产品或服务情况,精心挑选细分目标群体,做有针对性的独特诉求。宝洁旗下的洗发水主要有海飞丝、潘婷、飘柔、沙宣、伊卡璐等,每个品牌都有自己特有的个性和格调,也符合市场多样化的要求,"头屑去无踪,秀发更出众""飘逸柔顺""营养头发,更健康更亮泽"等广告语。突出了不同受众在宝洁旗下的洗发水品牌中,总能找到一款适合自己的。

第二,要解决 Why 的问题,也就是在广告中为什么说的问题。广告是沟通与传达信息的桥梁,为了能够直接达成结果需要实现广告目标。广告目标与营销目标不同，它通常通过消费者的反应、品牌知名度的创造与提高、品牌形象的建立与认知、购买意向的刺激与激发等来表示，广告目标为营销服务，经过长时间积累后最终转化为销售额。销售额的增长，营销目标的实现，离不开产品研发、价格定位、通路选择、业务团队等多种组合变量的综合性影响。

作为广告人，必须清楚知道，要将消费者带到哪个位置，创造产品或服务在消费者心目中的地位。

为了提高销量，在广告创作时用词要围绕广告目标、考虑再三。例如，"维他奶"作为家喻户晓的饮料品牌，其广告目标是稳健发展，成为质优产品的最佳证明。其广告诉求是表明其含有丰富的营养和健康因子，虽然豆奶与牛奶蛋白质的含量相近，但是豆奶低脂肪、低胆固醇，更容易被人体吸收。"维他奶"深入人心的广告口号是"维他奶，点只汽水咁简单！"，突出了其比汽水饮品更健康的特点。

第三，要解决 What 的问题，也就是广告诉求说什么，又叫品牌主张或卖点。在这个环节中，广告要表达的信息，就是广告诉求，它必须简单、清晰，让受众容易记住。

讲究单一性原则是广告诉求中最核心的一点，而单一性的诉求必须精确有力，将产品特性变成看得见的、摸得着的好处。那如何去发掘广告诉求呢？如图所示，"看书，上掌阅 APP"，核心点明确单一，直击重点。广告诉求并不是凭空想象出来的，要善于在生活中发现、洞察、求证。好的广告诉求，建立在对人性的洞察上，找出人们诉求的相同之处和不同之处。广告诉求，要将产品利益点转换成消费者语言，当找准这个卖点的时候，这个诉求点将是最特别的，也是消费者最感兴趣的，而清晰地传达卖点，会比拐弯抹角的创意更有效。

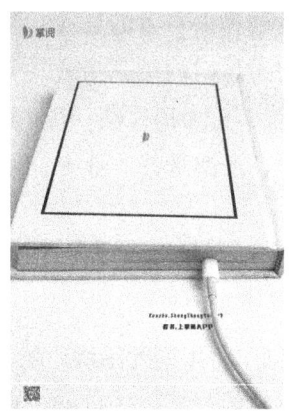

图片来源：指导 17 级学生设计作品

第四,要解决 How 的问题,也就是怎么说的问题,即广告创意、语气或态度。要注重两点,即创意形式和格调气氛。创意形式是指以什么样的方式将卖点清楚明确地、通过一种有趣的或感人的形式传达给消费者。信息传达越省力,沟通力就越强。"说什么"是广告表达的核心,它包括产品本身、利益、服务、解决受众难题、身份地位、经验、品牌保证等;"怎么说"是表达形式,包括示范、隐喻、烘托、类比、夸张、对比、神秘等。格调气氛是指通过什么样的形式元素来反映、塑造品牌,如广告中使用的语气、词汇等。根据创意内容、主要信息、传播呈现的风格和调性、预设的目标受众等,来确定广告风格,确定沟通的语气、风格和态度。

3. 2W 原则不可少

除了 4W 原则,还要考虑 Where 和 When。Where 是指在哪里说,即使受众能看见的地方;When 是指什么时候说,即何时出现在受众视野中。这 2 个点,关乎广告的媒介策略。

不同媒体的受众存在很大的差异,而在哪一时段、哪一地点也会直接影响传播质量,因此要尽可能利用优势,结合有利条件,尤其是现代新媒体环境下,最佳的地点与时间要与创意相呼应。

4. SWOT 行销分析法

SWOT 行销分析法的 4 个字母分别代表 STRENGTH（优势）、WEAKNESS

（劣势）、OPPORTUNITY（机会）、THREAT（威胁）。从每个字母代表的单词不难看出，SOWT分析法代表一个企业自身因素和来自企业的外在因素，结合内因和外因分析存在的问题和面临的挑战，具体如表2-1所示，以便在发展中抓住机遇，获取市场和竞争力。

表2-1 SWOT分析法存在的问题与面临的挑战

S：优势	W：劣势	O：机会	T：威胁
最擅长的是？	什么不擅长？	市场中适合我们的机会？	市场的改变有哪些？
最新的技术（特点）是？	缺乏什么技术？	可以学哪些技术？	竞争者最近做哪些？
自己有而别人没有的？	别人比我们好的有？	可以提供什么新技术或新服务？	是否赶不上顾客需求？
同类产品或服务的区别？	不能满足客户需求的是？	能吸引什么新的顾客？	环境因素的改变是否对企业不利？
顾客为什么来？	最近因为什么失败？	如何与同类产品相区别？	有哪些是威胁企业生产的？
最近因为什么成功？		预期5~10年的发展？	

5. 策略的核心地位

广告策略是为实现整体营销目标所做出的阶段性的广告活动纲领。广告策略是为广告整个过程而服务的，也是广告任务中的指导者，具体来说，策略就是策划、计划、方案、战术，是广告创意表现的前提，广告设计与广告文案都以广告策略为依据并执行。

广告要通过一种有趣或感人的形式，将卖点尽量清楚、明确地传递给消费者。信息传达得越省力，沟通力就越强。"说什么"是表达的核心，即产品本身、利益、服务、解决消费者难题、身份地位、经验、品牌保证。"怎么说"是表达形式，即示范、梳理与广告策略相关联的有广告文案、广告创意、营销战略。广告文案很重要，因为文字更易懂；广告创意也很重要，因为是视觉感官；广告策略同样重要，因为精准有力；营销战略更重要，因为是目标宗旨。

图片来源：自制

2.2 广告战略的三大部分

策略，就是如何去制定、执行和完成目标。创意再好，也难逃战略的三部曲，营销战略中的促销战略是总计划，配合它的是若干个小战略，其中广告战略就是为了一切广告活动而制定的。广告战略包括以下三大部分。

2.2.1 广告目的

在广告中，诉求点是否越多越好？在日常生活中，投篮、掷飞镖等，如果对准目标，精确到位，成功便离你不远。广告诉求也是如此。广告策略的目的在于精准有效地讲好一个诉求点，准确的定位是成功广告运动的前提，反之将导致失败。

广告诉求点不宜多，但讲究精和准；诉求点单一，力量更突出，目标更准确，精、准、狠这三点是广告中有力的策略。如图所示，"芸芸众生，因你不凡！"就是广告诉求点要讲究准确性的一个例子。

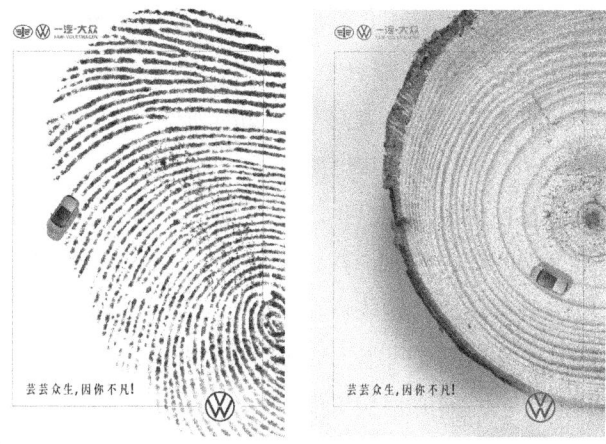

图片来源：指导 17 级学生设计作品

在广告战略中包含广告策略，广告策略是广告策划者在广告信息传播过程中的策略和谋划，是为实现广告战略目标所采取的对策和应用的方式方法和特殊手段。广告策略包括广告产品策略、广告市场策略、广告定位策略、广告创意策略、广告媒介策略、广告时间策略，是为某项广告任务所做的指导原则。在这一整套活动中，广告策略能指导设计创意和广告文案，所有设计出来的广告作品都与策略一致。广告策略就是为品牌或社会服务做出的整体策略和行动计划，能给消费者带来价值和利益。

2.2.2 广告战略的制定和执行

战略，就是如何将目标想法去制定、执行和完成。首先要明确战略操作包括哪些内容。战略包括统筹、计划、安排，是一种综合能力，由分析市场、明确受众、呈现方式、传播媒体等环节组成。经过一系列周密而有效的行为过程，明确在此活动中要做什么，如何去做，应该由谁去做，希望达到怎样的效果，力争用最少的费用达到最大的效果。

1. 广告战略方向

广告策划的整个过程包括了策略、策划、计划这 3 个概念，清晰地把握广告活动的策略方向，明确过程中的统筹优化，拟定出有益于策略实现的各种方法，最后提出较为详细的执行计划。这三部曲是完整意义上的广告策划活动必然经历的3个阶段，其工作性质及工作方法是截然不同的。

广告战略制定者要具备冷静分析的能力，要有研究市场、产品、竞争者和消费者等优劣的眼光。例如，人们平时喝的咖啡，不是仅因为需要"赶走疲惫"而随意选择产品，而是因"味道好极了"而选择雀巢咖啡，这就是雀巢咖啡在同类产品中能脱颖而出的卖点。广告的诉求策略、定位策略、表现策略和媒介策略是广告策划的核心内容，其必须脱离平庸、与众不同，但又要具有产生实际的广告效果的素质。广告战略要明确、简洁、尽可能不给人造成误解。在制定广告战略时要突出主要问题，明确目标受众，花时间在目标消费者身上，而不是在商品特质方面。研究消费人群不仅要从年龄、性别、爱好、收入等方面入手，更重要的还要立足于他们的产品使用情况，这样得出的分析结论才可能促使设计人员在广告中讲出消费者最想要的话，使消费者产生购买商品的想法。

在时代变化下，市场与消费者的投放和需求都在不停地发生变化，但广告过程中实施的战略和谋划的部分是有规律可循的，不应该轻易变化，如产品的主要优点和特点。切勿因销售量下降而认定是广告战略的错误，实际不仅有可能是执行不力的缘故，还可能是因市场竞争者的增加而导致销售量降低。

广告策略是以消费者利益角度的产品或服务为前提，来有效对应方法和实施步骤，投放到目标市场，以达到目标利益的销售提升。广告策略的制定建立在行销策略架构下，其目的在于配合行销策略，将产品与公司形象和品牌进行正确的整合，并通过传播管道，针对目标市场进行有效沟通。

2.广告定位

定位，渗透在广告运动的每个环节。准确的定位是广告运动成功的前提，反之，则是广告运动的失败。常见的偏激性定位有：求全求多、贪大贪广，也就是认为一个产品或服务老少皆宜、春夏秋冬皆宜，实则不然。定位的实质是找到其合适的市场空间，集中优势全力出击，以最小的市场空间占有最大的市场份额，做到产品利益点、目标市场、目标消费者小而精。例如，书法中用的毛笔，无论需写多大的字，笔头是越来越尖还是越来越钝呢？显然，尖端部位越集中越具有穿透性；再如，猎人是瞄准树林中的一只鸟放一枪，还是对着树林中一群鸟放一枪？显然，目标越明确命中率就会越高。如图所示，

"每'食'每'颗'一声叫！"，"每'食'每'颗'一声吆！"，以"嚼"和"咬"为元素符号，从歪扭不清的到清晰有力的字体，突出产品的趣味性口感，来做单一性定位。

图片来源：指导 17 级学生设计作品

除此之外，消费者是为了满足需求而购买产品或服务，假如一种产品或服务与同类产品或服务相比没有特点和优势，消费者不可能认为这种产品或服务更好，因为他们不会花时间去了解市场中的每一个产品或服务，所以一定要有明显区别于其他产品或服务的特点和优势，这些特点和优势与消费者有着千丝万缕的关系。其次，给竞争对手定位，再结合自身的优势与劣势，制定相应的竞争策略，展开广告营销。

适合所有人的产品或服务基本不存在，虽不是绝对没有，但确实少之又少。一个产品或服务的优势在于品质的优势、市场的优势及消费需求的优势。产品或服务的优点，不等同于产品的市场优势，因为市场上并没有不可替代或不可复制的产品或服务，即便有，那也是短暂的。

3. 产品定位

产品定位策略，即最大限度地挖掘产品或服务的自身特点，把产品或服务中独一无二的特性、品质和内涵作为宣传的形象定位。具体表现为：产品的特色定位、质量定位、价格定位、服务定位等。通过突出自身优势特点树立品牌独特鲜明的形象,赢得市场,促进企业的发展。

4. 市场定位

市场定位,即把产品宣传的对象放在最有利的目标市场上。通过整合市场等方式寻找市场的空隙,找出符合产品特性的基本客户类型,确定目标受众。只有根据消费者的地域特点、文化背景、经济状况、心理特点等,进行市场的细致划分,并有针对性地策划和创作相应的广告,才能有效影响目标受众。

5. 观念定位

观念定位策略,是指广告策划要通过分析公众的心理,赋予产品一种全新的观念。这种观念要符合产品特性,迎合消费者的心理,这样才能突出产品自身优势,从更高层次上"打败"对手。观念定位融入更多的是思想道德、情感和观念。

6. 品牌形象定位

品牌形象定位策略,即要在同类竞争产品中跳出来,树立一个独特的产品形象。品牌形象定位策略是把定位的重点放在如何树立一个什么样的品牌形象和凸显企业的形象上。通过在企业形象中注入某种文化、某种情感、某种内涵,形成独特的品牌差异。真正成功的品牌形象,是恰到好处地把握时代脉搏,击中人类共同的感动与追求。品牌形象并不仅是指产品个性,还是一种感觉,它可以使目标品牌马上与众不同。定位可以从企业文化的角度、企业情感的角度、企业信誉的角度、企业特色的角度来树立企业的形象。

2.2.3 广告预算

在经济化社会中,商家、厂家、顾客都力争使用最少的费用达到最大的效果。而根本原则是:广告所需费用不得超过广告可能带来的效益。

广告预算就是公司对广告活动所需费用的计划和匡算。它规定在一定的广告期间内,从事广告活动所需的经费总额、使用范围和使用方法。准确地编制广告预算是广告策划的重要内容之一,是企业广告活动得以顺利展开的保证。广告预算的制定受到各方面因素的制约,如产品生命周期、竞争对手、广告媒介、发布频率及产品的可替代性等。

广告的作用在于将产品的需求曲线向上移动。企业希望花费实现销售目标所需的最低金额，也就是追求预算效率的最大化，因此制定广告预算时应考虑以下因素：产品不同生命周期的策略、市场份额大小和消费者基础、竞争的力度和市场宣传的强度、产品可替代性情况等。

2.3 策略创意的理论

2.3.1 独特销售主张（USP 理论）

广告里的 USP 理论是指独特的主张（unique）、明确的概念（proposition）、实效的销售（selling）。在应用上，USP 通常通过分析产品及其能为消费者提供的功能产生，它们可以存在于产品的功能、原材料、产地、价格、外形、销售渠道等方面。

2.3.2 ROI 与共鸣理论

广告必备的三项基本特征是：关联性（relevance）、原创力（originality）、震撼力（impact）。关联性是指广告创意的主题必须与商品、消费者、竞争者密切关联。原创性可能是广告人最关注的一点。震撼力是指广告作品在瞬间引起受众注意并在其心灵深处产生震动的能力。

2.3.3 品牌形象理论

品牌形象在广告中的要点包括：①塑造并维持高知名度的品牌形象是所有广告活动最主要的目标；②任何一则广告都是对品牌的长程投资；③塑造并传播品牌形象比单纯强调产品的具体功能重要得多；④广告创意应运用形象满足消费者的心理需求；⑤系统性的品牌形象投资更为经济。

例如,可口可乐的品牌形象：一款饮料——能解渴、美国文化——部分受众，这是形象和品牌在消费者心中不断重复的一种非常普遍的方法。这样的策略非常适合拥有一定积淀的著名产品和品牌，可以唤醒消费者的记忆。

2.3.4 定位理论

定位理论的基本内容包括：①广告活动的基本目标是使品牌在目标受众心目中占据一席之地；②通过广告创造出有关品牌资讯的"第一说法、第一事件、第一位置"；③广告创意不必刻意地表现产品功能的差异，但必须表现出品牌之间的区别。

第 3 章 广告文案

一个好的广告文案能够帮消费者说出其心中所想，消费者可以从文案里找到自己想要的东西。广告文案极具表现力，因此相关工作者需具备组织能力和想象能力，让广告文案充满吸引力。如果说创意是为广告目标服务的，那文案就是为了达成这个目标而使用的工具。

3.1 广告文案的基本概念

随着现代广告的发展，广告文案也进入了一个全新的时代，实现了对自身原有表象特征的超越。广告文案是基于产品、消费者、竞争者等的创作，它的使命是推销产品或服务。

随着新媒体的萌芽，人们逐步将古老的广告和新媒体这种传播媒介结合，特别是 AI 技术的应用推广，新兴媒体广泛用于商业活动中，使广告的功能与价值得到进一步的拓展。随着经济的发展，广告文案首先在功能和价值观上发生了变化，广告的形式和表现走向历史前所未有的新阶段，在现代文化的创新和传统文化的传承方面有着重要的使命。广告中的语言符号通常指广告文案，由于其能够有效传达信息，正扮演着越来越重要的角色。

广告文案具有概念明确、主题突出的特点，每一个广告的文案要有取舍，且长短形式亦不拘一格。广告文案既可以为产品或服务雪中送炭，也能够为产品或服务锦上添花，它是产品销售的有效催化剂；功能性的广告文案能够让受众进一步了解产品或服务为自己带来的利益；个性化广告文案能够有效地塑造企业和品牌形象，为产品的长期销售理念奠定基础；广告文案具有时效性、真实性、简洁性、原创性、审美性。完整的广告文案由几个部分组成，包括标题、副标题、内文、口号（广告语）、广告主的名称、信息等。

3.1.1 生活处处有文案

古往今来，文字成了人们无法回避的大众传播媒介。爆炸式的新媒体，将文字的力量重新激活，众多的好书、好剧、好文章快速涌现，点石成金的创作者——文案撰稿人也开始活跃。在快速涌现的文、词、句的背后，文案撰稿人担负着广告创作的重任，构思着广告的概念表现，用标题吸引眼球，用口号鼓动消费。他们通过洞察人性、解剖品牌，用强有力的语言说服力为广告注入鲜活生命，从而转化为市场销售，取代消费者心中同类产品或服务的地位。

1. 广告文案的定义

广告文案是指广告中的所有语言符号，包括有声语言和文字。在平面广告中，广告文案包括标题、正文、口号、随文、辅助性文字等；在电视广告中，广告文案是指包括脚本、旁白、字幕、口号等在内的文字；在广播广告中，广告文案包括了脚本、旁白，以及对声音、音效的描写，它们更多是以"有声语言"的形式出现。

从广义上来讲，凡是有助于完成广告目标的一切形式的文字，都可以称为广告文案。文案，既可以指一个广告作品中的文字组成部分（copy），也可以代表广告公司从事文稿写作人员的职称（copywriter/writer）。

广告文案是在产品、消费者、竞争者等基础上进行的创作，它的使命是推销产品或服务。完整的广告文案包括标题、副标题、内文、口号（广告语）、广告主的名称、信息等。每一篇广告的文案要有取舍，但首先要让人感兴趣，在撰写文案时，要让思绪倾囊而出。

生活中处处有文案，通过有力的广告文案吸引顾客。例如，酒水广告——我是江小白，生活很简单（江小白）；口香糖广告——关爱牙齿，更关心你（益达口香糖）；运动广告——一切皆有可能（李宁）；手机广告——充电5分钟，通话2小时（OPPO）；洗发水广告——去屑实力派，当然海飞丝（海飞丝）；咖啡广告——味道好极了（雀巢）；巧克力广告——德芙纵享丝滑（德芙巧克力）；方便面广告——就是这个味儿（康师傅）；矿泉水广告——农夫山泉有点甜（农夫山泉）。

由此可见，文案是构成广告最重要的元素，广告文案的语言要精准。

2.文案的使命

广告文案对于写作有着更高的要求，除了精准、生动，还需具备产品或服务的特性、情境和广告策略精神，这不是一般文字写作者能达到的水平。一个好的广告文案能够帮消费者说出心中所想。

文案撰写，不只要讲究艺术性，它还是一项艰巨的商业任务，承担着销售的任务。宣传商业或服务的文案撰写工作与一般写作不同，文案中的文字必须清晰流畅，说服力强。文案的核心是让消费者从中得到某种好处。在形式上，文案要简短明了；在实效上，文案要有说服力；在目的上，文案必须能够促进销售。换句话说，广告文案写作，是一种按要求、有目的的写作；而文案写作者，需要将产品个性放在第一位，言简意赅、一语中的。因此，广告文案撰写者必须要有实战经验或经过实践性训练，才能达到要求。

例如，经济美学的省钱广告——台湾全联的走心广告：告诉消费者应该如何正确地、有效地"省钱"，"省钱"的意义是什么？——"长得漂亮是本钱，把钱花得漂亮是本事""花很多钱我不会，但我真的很会花钱"，这两则广告无非就是告诉消费者"省钱"是重点，展现年轻人心态，时尚又接地气。类似的广告语还有"我可以花八块钱买到的为什么要掏十块钱出来""距离不是问题，省钱才是重点""来全联不会让你变时尚，但省下的钱能让你把自己变时尚""真正的美是像我妈一样有颗精打细算的头脑""离全联越近，奢侈浪费就离我们越远"。

广告文案肩负着重要的使命，以最低廉的费用，将简短的信息灌输到最多数人的心中，将常识转换为最具有销售力的文字。如图所示，"做爱读书的'荒废人'""做有文化的'低头族'"，广告文案是对文字的提炼，需具备说服性元素；广告文案需为产品或服务营造气氛，激发潜在消费者的购买欲；广告文案必须依照不同的时间、地域要求，为不同的产品量身定做，将产品个性放在首位。

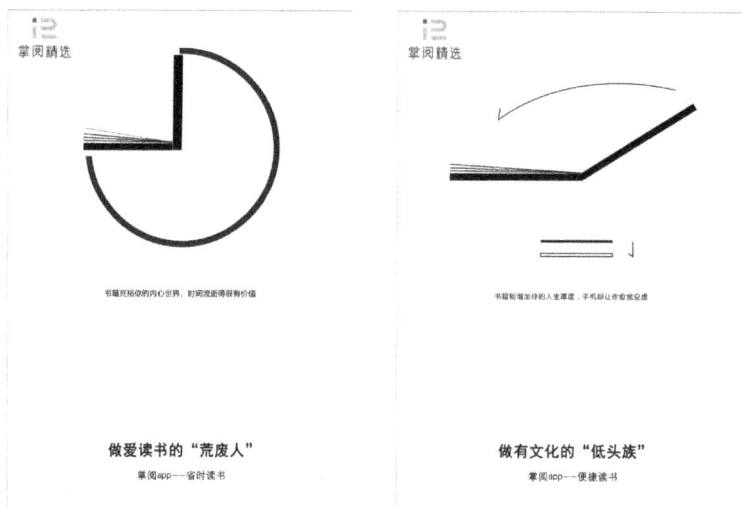

图片来源：指导 18 级学生设计作品

3.1.2 广告文案何止文字

广告文案撰写与美工密不可分，二者同为广告创意行业不可或缺的核心创作岗位。文案工作绝不是纯粹的文字工作，相关工作人员既要有娴熟的语言文字表达能力，也要具备洞察力、想象力、缜密的策略思考能力等。

文案创作不只是在于文字，更在于思维，要有精确的策略、创造性的信息表达、敏锐的感知、适宜的版式构成元素搭配等。

1. 文案的创意思维

从消费者的诉求出发，理性的诉求文案是以理服人，为消费者提供经过分析判断的信息。可以通过正面的说服，把产品或服务的优势和特点传达给受众群体，使消费者用理智来进行判断和思考，从而采取购买行动；感性诉求是将人们的情感或情绪宣泄出来，让消费者产生情绪反应和共鸣，以激发他们的购买欲；情理诉求是将理性和感性相结合，采取客观的表达方式，与消费者的角度保持一致，同消费者讲道理，从而打动消费者、感动消费者、影响消费者。

小米"为发烧而生"的广告语，确实让受众群体深深记住了这句话，简单的5个字,朗朗上口,并直白地表露出产品的特点——性价比高,这也是小米创业的初衷。这一句广告语符合了大众的要求,一是直接明了,使用户一目了然;二是直击主题,打动用户心理。

文案的创意思维,通过大胆地应用创意和关键词,可以让信息准确到位,使受众印象深刻。

2. 文案的创意方式

文案中的语言文字,从形、音、意来说,创意的方法是取之不尽,用之不竭的源泉,利用读音的相同,将产品名称进行比照和置换,引起消费者的阅读兴趣,产生好奇,有效吸引受众群体的注意。相较于直白的广告表达,利用读音的创意能够使文案不同凡响,凸显文案的广告创意。极具风趣的表达方式,也使广告产生了巨大的社会效益。

文案工作总体分为3项:一是创意的构思,要用大脑生产出好的点子;二是文字符号的创意转化,用提炼和替代法将有用的信息转化为创意;三是跟着设计创意想画面,用精准的语言符号或非语言符号进行表达。

当然,不同的环境对文案撰稿人有着不同的锤炼和要求,特别是在地方性广告公司,对综合能力的把控、对整体策划的要求更全面,如提高文案撰稿人的综合应变能力、对文案进行精炼、高效沟通等。

   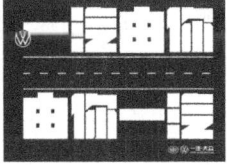

图片来源:指导17级学生设计作品

3.2 广告文案的必备素养

文案撰稿人有着丰富的想象力和强大的执行力,和美术设计师一样,担当着广告创作的重任,需要构思广告概念,用命名美化品牌、用标题吸引眼球、用口号刺激消费。作为撰稿人通常可以洞察人性、解剖品牌特征,并能以强有力的说服力,将潜在消费群体转化为实际消费群体。文案作为语言,早已超越了基本的交流功能。

3.2.1 广告口号的基础知识

"今年过年不收礼,收礼还收脑白金""爱生活爱拉芳""钻石恒久远,一颗永流传",上述这些人们耳熟能详的广告语,又叫广告口号,英文为slogan。广告口号绝不只是文字游戏那样简单,一条成功的广告口号的诞生,一定建立在广告目的的基础上,以最少的词汇表达尽可能多的信息。

1. 广告口号的特点

广告口号寥寥数语,却能概括出公司的实质、产品的特性、品牌的精神等,精简的文字需要策略精准、目标精准、洞察深刻、角度独特、朗朗上口。广告口号是用来协助广告为某一品牌或组织树立形象、明确定位、强调个性的标志性短语。口号在广告中起到画龙点睛的作用,它被广告主长期反复使用,可以加深受众对品牌或产品的印象。

"好看的东西买多了,人也会变得好看"——半自动咖啡机、"样子越老就越年轻"——蓝牙音箱、"如果没有很多钱,至少要有很多头发"——激光生发梳、"别让两千以下的风吹过她的头发"——吹风机等京东电器广告语,以诙谐幽默的文案吸引受众的目光,将广告语作为创意的核心和亮点,从侧面入手,凸显广告创意。

2. 广告口号与标题的区别

广告口号读者已经了解,但千万不要把口号与标题混为一谈。从理论上讲,标题与口号之间有着很大的差异。一是功能不同。标题具有一定的冲击力,它是引导和吸引受众进一步阅读正文,并接收广告中主要信息内容的主要窗口;口号在广告中更加精简,是表达企业产品特征的个性概括,更侧重于语言、表达物性与人性的精炼,突出信息的穿透力,把主诉信息传递到受众的内心。二是口号与标题的形式要求不同。标题无需音韵,或者说对音律的要求不太高,标题字数不是最关键的,关键是在讲什么内容;口号一般强调文字语言的押韵、流畅、言简意赅、易读易记,更讲究句子的锤炼、词语的推敲、音韵的和谐,一般不超过10个字。三是时效性不同,标题的时效性短,它必须与相应画面和产品配合；口号是精神标语的概括，时效性长，可以延续好几十年；系列广告中，每个标题都是不同的，但是每个广告的口号可以一样。

3. 广告口号的功能

要将所诉求信息和销售主张压缩成简明的宣传短句，便于记忆，以加深目标受众印象，充实企业形象；使企业的形象理念在不同的传播方式中得到统一，不管传播的媒介发生什么更改，每一次品牌讲的信息都是一致的，这样可以让消费者产生信赖感；影响消费观念、社会文化和流行风尚，一句好的广告口号可以成为社会上的文化现象，它的生命力甚至可以超过产品本身。

M&M's巧克力广告词"只溶在口，不溶在手"是著名广告大师伯恩巴克的灵感之作，流传至今，运用对比手法，鲜明表达出产品的优点：在手里不会溶化，入口就可以溶化。语言简洁明快，朗朗上口，让人一听就能记住。精简的广告语不仅反映了产品本身的独特性，区别于其他同类产品的烦恼，又暗示产品口味的特点，以至于消费者不愿将巧克力在手上停留片刻。

不得不提到"脑白金"经典广告语，"今年送礼送什么？送礼就送脑白金""脑白金加深睡眠，改善肠胃。""今年爸妈不收礼，收礼只收脑白金""今年过节不收礼呀，收礼只收脑白金""今年孝敬咱爸妈，送礼还送脑白金""你吃十天我买单！你吃十天我买单！""有效才是硬道理""脑白金，请广大市民作证""年轻态，健康品"，对比前面的广告语，虽看起来有点俗，但接地气的广告词，推广效果相当不错，让更多的消费群体认识了这一品牌。频繁的电视广告让"脑白金"成为家喻户晓的品牌，也积极影响了其销售量，使"脑白金"成为每逢佳节送亲朋好友的必备礼物之一。如雷贯耳又带点俗气的广告语在销量上起到了强大的助力作用。

总而言之，广告口号的特点是便于读和记，朗朗上口；句式精简，适合重复；有一定的口号性与警示性；有一定的潮流感和现代性。精简的广告语既能极大地突出产品的特点，又能满足受众的心理需求。

3.2.2 广告口号的三种级别

一则出色的广告文案，包括广告语、广告标题、正文，以及广告辅助文字等。广告创意的一语中的是指诉求点的单一、准确、达意。概念与表达越集中，穿透力越强；目标越明确，命中率越高。广告创意要了解、介入受众的情感（爱、害怕、骄傲、嫉妒、高兴）。

优秀的广告语朗朗上口、文采斐然，甚至可以成为一代人的集体记忆。广告口号有3种级别：一是符合广告重要的信息内容；二是与受众沟通最直接、最畅快的方式；三是把已确定的信息转化为更精确的语言或非语言符号。

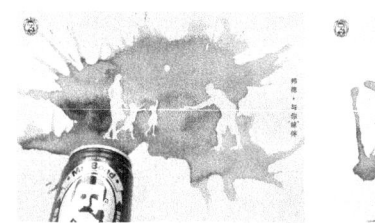  

图片来源：指导17级学生设计作品

1. 定位准确，忠实传达

对于符合广告重要的信息内容，要有一定的判断标准：必须符合广告策略，表达创意核心概念；产品广告口号要符合产品本身，能如实表达消费者最关心的产品卖点；必须符合持久性的特征，也可以根据市场和时代的变化进行相对应的调整。在这一等级要做到定位准确、形象突出、个性特征强化；突出品牌形象、品牌价值、品牌个性；突出产品和企业优势，也就是目标消费群体最为关心的信息。这处于广告口号的初级阶段——"信"，主要指能够忠实、贴切地表达原文的意思，在广告中就是忠实传达品牌理念。

2. 用词精准，言简意赅

好的广告口号，不仅能用简单、明白的文字传达信息，还需要注重语气的顺畅、字形的漂亮，要能够吸引众人眼球，要把复杂的、少见的、生疏的东西做简洁的诠释，要把常态的、熟悉的东西做新鲜的表达，也就是重新组合旧元素。在这一等级要做到用词精准，言简意赅；节奏和谐，合于音韵；口语化、轻松化、生活化。这处于广告口号的中级阶段——"达"，主要指语言通顺易懂，能够在"信"的基础上，进一步让广告流畅顺口，以贴近母语的、最简单舒适的方式表达。

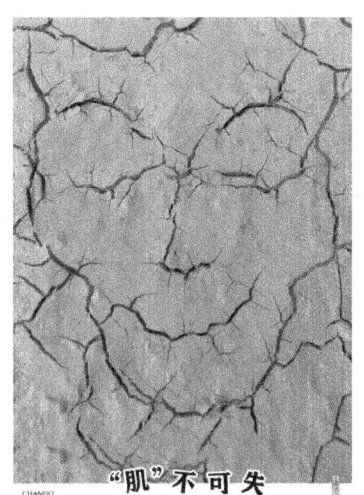

图片来源：指导17级学生设计作品

3. 独具个性，渗透力强

好的广告口号，要包含对文字的精心雕琢和检验，无论字、词、句各方面都无懈可击，语气和品牌属性相协调，对文字的理解和发音程度。在这一等级要做到简单好记，个性独特，具有潜质；情感亲和，渗透力强；契合公众心态，挖掘文化内涵。这处于广告口号的高级阶段——"雅"，就是要使广告语流畅、优雅、有文采。重点做到广告语与原文的神似，如原文里的俏皮表达或话外之音，在广告语译文中最好也结合母语的特点有所体现，让消费者在阅读广告语时情绪波动和阅读原文时的感觉一致。

"带走的是美味，留下的是亲情""带走的是美味，留下的是友情""带走的是美味，留下的是爱情"等披萨星球系列广告，文字文案点明中心，既突出产品本身的美味，又将品牌提升到一个高度，结合"亲情""友情""爱情"，正面地勾勒出分享美味的痕迹，顺理成章地使文案广告创意达到契合公众心态且渗透力强的效果。

异曲同工的还有"幸福时刻，大众共享！""轻松时刻，大众同享！""浪漫时刻，大众分享！"的一汽大众系列广告，共享、同享、分享每个幸福时刻，无时无刻不有一汽大众的陪伴。

图片来源：指导 17 级学生设计作品

要想达到以上广告口号级别，就需要在生活中不断摸索，因为创意的发想从来没有捷径可走，需要做的就是积累经验，掌握技巧，让文案工作变得轻松，当然，这一过程并不容易，充满了挑战和未知。要成为一名优秀的创意人就要对自己有更高的要求，广告口号的3个标准是必须属于品牌的（branded）、必须是单纯的（simple）、必须是有惊喜的（surprising-appropriateness）。告别平庸，激发创意，收获惊喜。

3.3 系列广告文案

系列广告文案通常讲究单一性原则，是基于同一创意概念创作的，在风格、图像、内容甚至版式上保持一致性或联系性。

3.3.1 系列广告的核心性

系列广告就是在同一媒体或不同媒体的两篇以上广告。它们在风格上保持统一，图像上大体一致，内容上相互联系。具体来讲，系列广告是属于同一种创意概念的，也就是同一组概念化创意作品。

广告的信息传达，注重"单一性"原则，也就是说，广告中所表达的信息特点最好只有一个，这个特点是所有特点中最为突出的一个。将广告中众多的信息点，分散到不同的广告作品中传播，这是较为合理的明智之举。

与单条广告的传播不同，系列广告既能延续创意的主题，又能够呈现出不同的张力。系列广告中的每一条信息传达都以其独特的个性引起受众的关注，既突出地强调信息的重要性，又不让人觉得单调乏味。

同一系列中的不同作品，相互之间形成一股合力，使表达内容更多，角度更丰富，多次曝光之间形成强烈的关联性，使受众产生一致的印象和记忆。它的传播效果，远比单条广告更持久、更有效。

不管是印刷品类还是网络类，系列广告的不同作品，往往在短时间内相同、相继、轮流刊播于同一媒体或同类媒体。它们往往形式相似，区别在于广告的内容。

3.3.2 系列广告形式

如何界定系列广告形式呢？顾名思义，系列广告文案就是在同一概念下，不同创意的具体文案表现。系列广告文案，在标题、正文、附文、句式、语调、节奏、篇幅等方面具有相对一致性，同时，在一致性中又存在多样性，如标题内容的变化、正文关键词句的变化、阐释角度的变化等。

系列广告在版式上一致，如画面与文案的大小比例、标题及正文的位置、企业标志及口号的位置等；系列广告有相似的创意逻辑，且遵循同一核心概念，表达方式或者创意技巧比较接近；系列广告有相似的视觉风格，让广告中的图像大小相等，视觉风格一致，文案字体一致，字体字号一致，篇幅大小一致，排版布局一致等；系列广告有相似的文字风格，包括文案的语气、句式、结构、语言风格等。

系列广告文案的写作步骤如下：第一是研究广告目的，根据策略与创意的实际要求，来决定是否要做成系列广告的形式。第二是从整体入手，提纲挈领，确定整个系列要传达的信息，总体表现风格，文案等语言特征及画面构成。第三是要确定各单篇广告文案中的分类信息，需要传达同一个信息，还是并列式信息。如果是并列式信息，要确定是几个具体内容，彼此的关联度如何，是横向拓展、纵向深入，还是纵横配合。第四是进入每个单篇文案的具体构思和写作，此时应根据前面所规定的广告传播任务、风格、特征等各方面进行到位的表现。第五是完成不同的单篇文案之后，要将它们放在一起，检查整体风格的关联性，保证信息的均衡与完整。

图片来源：指导 18 级学生设计作品

统一的系列广告文案，用多样化的形式，传达相同性质的信息。通常画面变化而文案内容不变。

并列式的系列广告文案，从不同的角度去阐述产品的利益点，但是画面形象大同小异。

连续式的系列广告文案，就像讲故事一样，层层推进广告信息，使其不断延续。

3.3.3　核心概念

广告的定位策略解决的是"说什么"的问题，而广告的创意策略解决的是"怎么说"的问题，要用 N 种可能性去寻找最佳方式，把信息准确地传递给受众并说服他们。"怎么说"也就是通过什么方法方式说，由 2 个部分构成：一是"概念"，叫作"核心概念"或"核心创意"，即关于广告信息传达的基本想法；二是"点子"，也叫作执行手段或者方法，是在具体活动中的表现。

广告标题将读者引入了某种情景，广告文案用文字为产品或服务营造出气氛，激发潜在消费者的购买欲望，促进购买。

文案的归属是符合广告创意核心和执行点子，将常识转换成具有销售力的文字；用户痛点、用户好奇心、观点鲜明；适宜的背景、风俗、习惯。

什么样的场合说什么样的话。场合相同，话语不同，其受众力和影响力不同。

文案讲究实效、讲究热点、讲究习俗。

小意大爱、情怀初心可以更多地吸引消费者注意文案内容。

那么，如何提取系列广告中的核心概念？核心概念"就是一种描述，说明人们想采取什么方法，把产品为生活带来的利益告诉消费者。"简单来说，它是一个创造性的阶梯，把承诺和行为连接起来，通常在出创意之前就该确定，这样不论内部讨论还是和客户开会，都能有一个讨论的基础。

核心概念是对事物关系的一种描述，而且非常独特和新颖，可以通过一种全新的、有启发性的视角来观察事物，激起大众共鸣，从而使消费者产生强烈的购买欲望。确认核心概念就等于为创意打下一个烙印，让产品未来的系列广告发展有了大方向，也让大创意的产生有了可能。

好的创意都应该可以用一句话概括出来。这就是核心概念。有了这句话的界定，才可以更加准确地拓展创意，同时审视创作者所选择的创意元素是否切题、合理。创作一套系列广告的关键，不是追求广告之间的形似，而是把思考的焦点集中到这套广告的核心概念上。回答它是什么？它该怎么表达出来？

核心概念应该描述得极其精准，短小精悍，直击主题。通过这种形式，让读者能够认知、感知到。

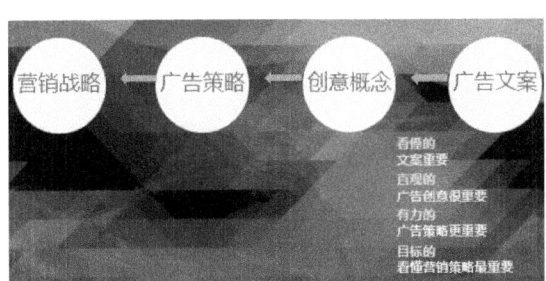

图片来源：自制

第 4 章

广告创意

　　创意是广告的灵魂,是使广告事半功倍的捷径;创意是广告人根据调查结果、产品特性、公众心理及广告策略,选择最佳信息传达方式,产生核心主题概念和意境结构,并最终指导广告制作实践、达到最佳广告效果的创造性思维过程,简言之,创意是整个广告的构思。

4.1 创意的定义

4.1.1 创意与创意产业

　　随着网络社交的普及,在朋友圈里谈论"创意产业"的人越来越多了。而创意产业的前提和基础就是创意。"创意"应该有着明确的内涵。在互联网和 AI 时代,要发挥人的审美和创造力,同时也要擅用技术实现创意。在广告设计中,必须以广告创意为先导进行,而设计是将广告策略与创意进行整合。广告中的创意是表达的外在形式,是将广告特性与受众达成沟通的桥梁。广告是由心到心的过程,直指人心。

花开再会
百毒不侵

图片来源：指导17级学生设计作品

1. 创意的来源

创意即创造新意，寻求新颖、独特的意念、主意或构想。创意中"创"的核心是创造。创意是一种创造活动，其行为结果也必须是"独创的、新颖的"，创意的"意"，包含了主意、意念及意趣、意境等多层含义。绝妙的策划主意和独特的传达方式及新颖的视觉形式完美结合，并在传播中共同发挥作用才是创意的完整意义。

广告创意是通过独特的思维角度和技术方式的表现形式，它更突出了产品特性和品牌的内涵，主要由2个部分构成：一是广告中的诉求，二是广告中的表现形式。广告诉求直接关系到受众的消费需求和价值，因此，广告诉求要定位准确触动人心，激发受众人群和潜在顾客的需求力；而广告表现是外在形式和技术方式，包含了视觉符号设计、文案撰写、音乐或节奏等的制定，其主要有创新性和吸引力，能够在同类广告中脱颖而出，并植入受众人群的脑海中。

例如，士力架"林黛玉版"广告，该广告通过将柔弱的林黛玉形象与士力架产品结合，巧妙地传达了士力架能够提升精力、帮助人们在饥饿时恢复活力的产品信息。这种创意不仅新颖独特，而且与品牌形象高度契合，成功地吸引了消费者的注意力。充满男子汉气概的万宝路香烟，其销售量约占全美卷烟销售总量的1/4，但该品牌香烟最初的产品定位是专供女士享用的香烟。万宝路香烟问世之后，销售业绩始终平平，境况凄凉，面临停产。面对困境，万宝路香烟生产厂家向美国广告界的传奇人物——李奥·贝纳求助，正是李奥·贝纳的一个高明广告策划，才使得山穷水尽的万宝路转危为安、步步发展，成为世界最著名的香烟品牌。李奥·贝纳经过周密的调查和深思熟虑之后，大胆地对万宝路香烟实施"变性手术"，把原来定位为"女士香烟"的万宝路重新定位为"男子汉香烟"，并在新的广告中把男性描绘成"粗犷"的美国西部牛仔形象——理想中的男子汉形象。通过各种方式的宣传，万宝路树立了自己的形象：自由、野性与冒险，极有戏剧性的牛仔将万宝路香烟与万宝路的个性紧密交融并植根于人们的心中。

创意，并非天马行空的臆想，也不是无厘头的设定，而是根据有效信息制定"解决问题的创新性方案"。根据《广告学原理》（菲利普·科特勒）的定义："广告创意是在特定传播目标下，对受众心理认知规律的创造性运用，需同时满足原创性（novelty）、相关性（relevance）和有效性（effectiveness）三重标准。"

创意的六大核心来源包括了对关键信息的受众人群洞察、文化符号的解码、技术赋能的创新、跨学科融合的交互、认知与经验的突破、个性化的激活等。创意的过程建立在持续创新中，通过受众群体的洞察捕捉市场信息，借助数字化时代下对市场分析与思考，依托交互融合达到多元文化要素的价值表达，找到商业目标和受众人群间的共鸣与优化。

2. 创意与创新

广告的创意在于有创造力地表达产品或服务信息，以迎合受众人群的心理，并促成其产生购买的思想和行为。广告的创新在于将创意转化为目标成果和应用，它是将有限信息的打散与重构，是将概念、知识和信息的重新整合，即可以是产品、服务、市场和组织结构的任何方面等的重组。

广告创意是广告创新的前提和基础，没有创意就没有创新，创意提供了新的思路和方法，而创新激发新的创意不断繁衍与创造，创意与创新相互依存、相互作用，是推动商业和文化发展的源泉和动力。

具体来说，创意与创新在广告中有着不同的定义。创意更侧重的是一个创新思维的来源，更多是指想法和构思；而创新重在一种技术、一个理念的变革或应用，是将这些想法与构思转化为现实中的方案和过程。

创意与创新如何定义

名称定义	创意	创新
实质	思维层面的"破界"或者学科专业上的"交叉"	实践过程中的"价值重构"和应用
特征	天马行空、非线性、情感化	可验证性、系统化和商业化
衡量标准	独创性（originality）	有效性（effectiveness）+可持续性（sustainability）
直译定义	"旧元素新组合"（肯尼斯·博尔顿）	将新构想转化为市场价值的过程（托马斯·彼得斯）

认知重塑、情感共振、行为诱导和价值传递是广告创意中的四大核心应用要素，创意是打破认知或经验边界的一种思维，创新是打散思维后重组的价值转化。

3. 创意的特征

创意的特征主要包含新颖性、价值性、启发性、吸引力。

如何判断一个广告是否具有创意，如何在广告实践过程中来应用这些特征，除了"旧元素新组合"，还要加入新的视角，从认知突破性、元素重组性、情感渲染性，到文化渗透性、技术适配性和时效敏感性，如苹果iPhone14Pro"钛金属边框"广告就具有突破性、重组性、情感性、技术性和商业性。创意的独特视角往往是从不同角度洞悉问题所在，它已不是对事物的简单重复，而是从新角度的解读和呈现，新视角的起点就决定了创意思维和呈现方式不同于其他同类广告，它既能打破规则、习惯和模式，又能推翻固定结构，再进行打散和重组。

创意具备实用价值和文化价值的特性，好的广告创意能够满足受众的实际需求，拥有实用性功能。在不同领域，创意可以转化为创新的产品或是技术，为受众人群的生活与工作带来便利，如智能手机的出现便是创意与技术结合的产物，它将通信和娱乐等多功能集合在一起；同时，广告创意能够丰富文化内涵，突出文化的传承和弘扬，在文化传播和价值传递方面具有重要的推广意义。

广告创意是能够激发人的思考的过程，促使人们对周围事物重新审定，特别是在艺术领域中，创意性作品让观众对社会、人生、环境等诸多问题进行反思，激发了人们对社会本质和潜意识世界的思考；创意特征是思维的开拓，是新的观念和方法，具备创造力和想象力，是一种创新能力的表现。

在广告创意中，视觉吸引力和情感吸引力能触动观众的情感从而产生共鸣，如可口可乐广告，以标志性红色和流线型瓶身的独特设计，在众多广告中引人注目，格外突出。

4. 创意的过程

创意是创造性思维活动的产物，创造性思维活动的过程，就称作创意的过程(creative process)，它是分步骤循序渐进的。

第一步是问题的诊断，抓住"隐藏的痛点"，这一步是发现受众人群心知而未能说出口的真实需求，在这一过程中可以把需求分解成显性需求和隐性需求、个体和群体、生理和心理等三类。

第二步是创意的发散性，采用头脑风暴的科学方法：S=替代（substitute）、C=合并（combine）、A=改造（adapt）、M=修改（modify）、P=改变用途（put to another use）、E=消除（eliminate）、R=反转（reverse），这一过程适用于小组参与。

第三步是创意中的筛选，将头脑风暴中的关键词语提出，用数据淘汰60%~70%的方案，并找到关键性核心词语1~3个进行比较，从可行性方面评估：传播度（社交媒体分享潜力）、记忆度（能否用一句话复述）、行动度（是否驱动立即购买）、成本度（制作/投放预算），最后选出最优方案。

第四步是将创意优化，让好创意抓住人的眼球，在这一步骤上将创意转化为可传播的媒介内容。

第五步是效果评估，用证据说话，证明创意的商业价值，对曝光量、渗透度、转化力和ROI进行进一步分析。

总体而言，要先确定好广告对象，了解广告目的，这是对目标的明确，如饮品有不同的目标人群，运动饮料的广告对象则是热爱运动的青少年、运动员和经常健身的上班族，通过有效分析产品的特点和功能能够准确定位，将产品中能快速补充能量和电解质等信息传送到适合运动量大的受众人群视野中；其次是针对产品或者服务的调研分析，多维度了解产品或服务，包括功能特性、外观设计、价格体系及品牌理念等核心信息，同时分析同行竞争对手相类似的产品或服务，找出自己的差异化和特色。

4.1.2 创意的分类

广告创意的分类通常有以下几种类型：

1. 按表现形式

抽象创意的创造性重新组合来表现广告内容。这种创意形式富有想象力和深度，能够引发消费者的思考和联想，运用抽象的艺术表现形式和哲学理念塑造品牌价值和个性；形象创意是借助具体形象创造性地重新组合，以直观地展示广告内容，这种方式属于直白型，其优势在于能够让消费者快速理解并记忆广告所传达的信息符号，更容易留下深刻的印象。

2. 按内容侧重点

传递型是最常用的广告创意类型，主要聚焦在广告商品的客观情况上，突出商品的真实性，目的是为了让受众人群更清晰地了解商品的优势和特点，从而影响购买决策；比较型是指通过自己的品牌与同类产品或服务相比较，从功能上、特性上、价值上进行比较和区分，引起受众人群的注意和选购，这一点的比较选择则是消费者最为关心的产品或服务的特征个性，与此同时，在相同基础和条件下的比较，还要遵循相关法律和道德规范，以此避免不正当竞争；戏剧型是通过表演形式或采用戏剧化与情景化等手法，吸引消费者注意力，这一方式要注重广告主题的把控，切勿跑题而仅追求氛围感；故事型是借助生活、传说和神话等，让耳熟能详的故事贯穿相关品牌产品或服务，加深受众人群的印象，因为故事具有自我说明的特征特性，较易于被大众所理解和接受，能使受众与广告产生连带关系；证言型是通过有关专家、学者或者某权威人士的代言来证明广告产品或服务的特点、功能等，从而产生权威效应，增强广告的可信度和说服力。

3. 按传播媒介

主要分为报纸广告、杂志广告、电视广告、广播广告、网络广告等，每种广告创意分类都根据其独特的优势和适用的场景，在实际创作过程中，将广告目标、产品或服务特点、目标受众及预算等因素综合考虑。

4.2 创意思维

4.2.1 认识创意思维

小孩子天马行空的思维总是让人惊叹不已，而广告人员对广告活动进行的创造性思维活动与之不同，是为了达到广告目的，对未来广告的主题、内容、表现形式和制作手段所提出的创造性的"主意"。

大卫·奥格威说："要吸引消费者的注意力，让他们来买你的产品，非要有很好的点子不可，否则，它就像被黑暗吞噬的船只。"这个点子，就是人们所说的创意，即通过创新与发现，构想出新的意念或意境。广告活动的每一个环节，如确定广告的表现方针、明确广告的诉求重点、进行广告文案写作和设计制作等，都是根据广告创意进行的。可以说，没有广告创意，就不存在广告创作，广告活动就无法深入开展。创意思维是广告策划与视觉传播设计的核心。视觉设计没有创意，作品就会陷于平庸，或与别人雷同而被信息的海洋所吞噬，不能有效地进行信息传播。

思维是人脑对客观事物本质属性和内在联系的概括和反映。创意思维以新颖独特的思维活动揭示客观事物本质及内在联系并指引人去获得对问题的新的解释，从而产生前所未有的思维成果。

创意思维会产生新的具有社会意义的成果，是一个人智力水平高度发展的产物。创意思维与创造性活动相关联，是多种思维活动的统一，但发散思维和灵感在其中起重要作用。

创意思维一般经历准备期、酝酿期、豁朗期和验证期4个阶段。

创意思维学认为，传统的形象思维研究存在一个普遍的误区，就是试图通过艺术家及其作品来观察形象思维发生、发展的规律、特征，忽略了形象思维作为一种认识世界的思维方式，乃是普遍性的存在，从幼儿到成人都离不开它。创意思维学的创立者伍天友指出，形象思维存在2种不同的形态——认知性和创造性。

信息受众对创意信息进行阅读、理解的思维模式，就是认知性的形象思维。创意思维就是要有针对性地根据信息受众的思维模式、特征和规律进行创意构思，是一个先知彼后知己的过程。只有如此，才能准确把握创意的效果。创意并不存在于作品或传播信息中，而是信息在受众大脑中产生化学反应的表现，形成了信息传播的"反应"理论。这相对于传统的、源自西方的说服论、认同论等，是一个重大的突破。创意思维学对于形象思维内在机制结构和规律的揭示，对于大脑如何通过事物形象进行识别区分，如何强化、联系和发展都是前所未有的，不仅使创意有了可以应用的强大系统理论，更为青少年和儿童形象思维教育，提升创造性思维能力，带来巨大的启示。

按思维内容的抽象性可划分为具体形象思维和抽象逻辑思维；按思维内容的智力性可划分为再现性思维与创造性思维；按思维过程的目标指向可划分为发散思维（求异思维、逆向思维）和聚合思维（集中思维、求同思维）；按思维过程意识的深浅可划分为显意识思维和潜意识思维。

4.2.2 创意思维原则

万事源于想，创新从转变思维开始。诸多的成功案例所验证的——要做第一个吃螃蟹的人。创新是为了顺应新观念、新社会，而不是强行改变人们固有的生活方式。

1. 超越客户期待

只有超越客户期待，才能形成强大的客户向心力！

2. 创造力是广告设计师的生存技能

基础原则：广告设计师靠思想谋生，靠知识谋生！创造力是广告设计师的生存技能。

3. 策略先行

创意方向原则：没有策略就像是"盲人摸象"。策略是广告设计师行动的方向，在作业之前，先要有品牌策略简报、市场策略简报、创意策略简报、客户简报等。

4. 形式与内容相统一

形式在于视觉形式的传递，是核心内容的表达；内容则是广告的核心价值。

5. 虚实结合，和谐共存

在空间、技术上的结合；人与人，人与环境的协同共生。

6. 与众不同

创意原则：世界向右的时候我们一定向左！创作出雷同的作品等同于原地踏步！

7. 情理之中，意料之外

一个好创意的基因：合情合理，但是大家没有想到。

8. 统一而有变化

把控原则：统一是要具备高度，变化是要有创造力。

9. 感动自己

检验原则：自己的作业能不能令自己满意，是否超越以往？假设自己是目标受众，自己会不会被自己的作品打动？

10. 个性的东西流程化，流程的东西个性化

流程原则：把好的个性的特质固定成习惯。在习惯之上再进行提升与超越。

11. 创意的终极目标

微观：取得市场的战绩。宏观：创造令人心动的品牌，从而影响人们的生活与意识。

4.3 广告创意的概念与表现

4.3.1 广告创意的概念

广告创意并非简单的"点子堆砌"，而是一个系统性工程，融合了心理学、社会学、传播学与商业策略的复合概念，其本质是通过创造性思维将产品或服务转化为能够在目标受众心智中建立认知锚点的符号系统，最终驱动

特定行为。这一过程既包含艺术创作的感性表达，又需遵循科学验证的理性框架。在数字时代背景下，广告创意呈现出3个核心特征：跨媒介叙事能力、动态适应性与技术赋能性。核心概念（concept）负责提炼产品本质价值，如特斯拉"cybertruck"将汽车重新定义为未来交通符号；执行呈现（execution）关注媒介语言的创造性转化，如可口可乐"昵称瓶"通过个性化标签实现社交货币化；传播语境（context）强调文化环境适配，如农夫山泉"寻找水源地"广告在中国市场通过"绿水青山"意象强化环保主张，但在欧美市场需调整为"纯净科技"叙事以适应不同文化认知。

具体来说，广告创意是介于广告策划与广告表现制作之间的艺术构思活动。它是广告人对广告创作对象所进行的创造性的思维活动。通过想象、组合和创造，对广告的主题、内容和表现形式进行新颖性的文化构思，从而创造出新的意念或系统。广告创意是一种创造性的表达方式，旨在通过设计独特的广告内容和形式，吸引目标受众的注意力并促使其采取行动。它不仅仅是简单的信息传递，更是一种能够激发消费者兴趣、情感共鸣和购买欲望的艺术创作过程。广告创意并非孤立存在，而是贯穿于广告策划的全过程。从最初的市场调研、目标受众定位，到广告策略的制定，再到具体的创意执行和效果评估，每一个环节都离不开创意的参与和推动。

广告创意是广告活动中不可或缺的核心要素，它以创造性的思维活动为基础，通过独特的表达方式展现广告的魅力和价值，并贯穿于广告策划的全过程。

4.3.2　广告创意的原则

1. 冲击性原则

在令人眼花缭乱的报纸广告中，要想迅速吸引人们的视线，在广告创意时就必须把提升广告创意视觉张力放在首位。广告创意应具备独特的视角和表现形式，避免与其他广告雷同。在创作过程中，要突破常规思维的束缚，大胆提出新颖的想法和点子。这要求广告人不断挖掘产品或服务的独特卖点，并从新的维度进行诠释和表达，使广告具有与众不同的魅力。

2. 新奇性原则

新奇是广告作品引人注目的奥秘所在，也是一条不可忽视的广告创意规律。在信息爆炸的时代，消费者对于枯燥乏味的广告容易产生抵触情绪。因此，广告创意可以通过讲述有趣的故事、设置悬念、运用幽默等方式，让广告变得生动有趣，增加消费者的观看兴趣和记忆度。新奇能使广告作品波澜起伏、奇峰突起、引人入胜，也能使广告主题得到深化、升华，还能使广告创意远离自然主义向更高的境界飞翔。

在广告创作中，由于思维惯性和惰性形成的思维定式，不少创作者在复杂的思维领域里爬着一条滑梯，看似"轻车熟路"，却只能推动思维的轮子做惯性运动，"穿新鞋走老路"。这样的广告作品往往会造成读者视觉上的麻木，弱化了广告的传播效果。

3. 相关性原则

广告创意要针对特定的目标受众进行设计，了解他们的需求、兴趣、价值观和消费习惯等，使广告能够引起目标受众的共鸣。广告创意还应与品牌的定位、理念和形象保持一致，有助于强化品牌的个性和特色。如果广告与品牌形象不符，甚至相悖，就会让消费者产生困惑，影响品牌的整体形象，这就要求广告创意不能停留在表层，而要使"本质"通过"表象"显现出来，这样才能有效地挖掘消费者内心深处的渴望。

4. 渗透性原则

将广告与当地的文化、习俗、传统等相结合，使广告更具地域特色和文化内涵，容易被当地消费者接受和认同。消费者情感的变化必定会引起态度的变化，通过细腻的情感表达和长期的品牌积累，广告所传达的情感逐渐渗透到消费者的心中，使他们对品牌产生情感依赖和忠诚度。例如，一些老字号品牌的广告，常常强调品牌的历史传承、家族情感和社会责任等，引发消费者的情感共鸣，增强消费者的归属感。

5. 简单性原则

好的广告创意应该能够在短时间内传递核心信息，让消费者快速理解广告的意图。在快节奏的生活中，消费者的注意力有限，因此广告要避免冗长的文字和复杂的图形，做到简洁而不简单。一个好的广告创意表现方法包括

3个方面：清晰、简练和结构得当。简单的本质是精炼化。广告创意的简单，除了从思想上提炼，还可以从形式上提纯。简单明了决不等于无须构思的粗制滥造，构思精巧也决不意味着高深莫测。平中见奇，意料之外，情理之中往往是广告人在创意时渴求的目标。广告的表现形式也应简洁明快，避免过多的修饰和烦琐的设计。所有的元素都要为突出主题和传达信息而服务，使广告具有强烈的视觉冲击力和感染力，让消费者在瞬间被吸引。只有运用创新思维方式，获得超常的创意来打破消费者视觉上的"恒常性"，寓情于景，情景交融，才能唤起广告作品的诗意，取得超乎寻常的传播效果。

4.3.3 广告创意的表现

广告创意的表现通常涉及通过视觉、文字、互动等方式传达创意。即通过各种传播符号，形象地表述广告信息以达到影响消费者购买行为的目的，这包括创意的呈现方式、使用的媒介及如何与目标受众产生共鸣。广告创意的表现是创意策略的具象化呈现，本质是通过符号系统构建与受众神经反应的深度对话，在物理媒介与心理感知的交界处创造价值。其核心在于将抽象的商业诉求转化为可被大脑快速识别、引发情感共鸣且具有传播潜力的认知符号，最终驱动行为转化。这一过程融合了艺术表达、技术赋能与科学验证，形成了现代广告创意的完整表现体系。

图片来源：指导18级学生设计作品

具体来说，广告创意的表现可以从以下几个方面进行阐述。

1. 直接展示法

这是一种最常见的且运用十分广泛的表现手法。它将某产品或主题直接如实地展示在广告版面上，充分运用摄影或绘画等技巧的写实表现能力。直接展示法是将主体以最突出、最引人注目的方式呈现出来的方法。这种方法能够真实地再现对象的表面质感、形态和功能用途，给人以信任感和亲切感。

直接展示法通过摄影或绘画等写实技巧，其本质是"用可见的证据代替抽象说服"，强调消费者通过感官体验（视觉/听觉/触觉）直接感知产品优势，而非依赖隐喻或情感暗示。将产品或主题的真实面貌呈现给观众，使消费者能够直观地了解产品的特点和优势，运用各种方式抓住和强调产品或主题本身与众不同的特征，并将这些特征置于广告画面的主要视觉部位或加以烘托处理，使观众在接触广告画面的瞬间即能很快感受到这些特征，并对其产生注意和发生视觉兴趣，从而建立起对产品的信任。

图片来源：指导18级学生设计作品

2. 突出特征法

运用各种方式抓住和强调产品或主题本身与众不同的特征，强调产品的某个或多个显著特点，并把它鲜明地表现出来，达到刺激购买欲望的促销目的。突出特征法的核心是选择并放大产品的独特卖点，如设计、功能或情感价值，这可能包括颜色、形状、技术参数或品牌故事。

在广告表现中，抓住事物独具的个性，将产品或主题本身与众不同的特征鲜明地表现出来。着重展现产品或主题的独特之处，使其在众多同类中脱颖而出，吸引受众的注意力，将产品或主题的突出特征置于广告画面的主要视觉部位，并进行烘托处理，让观众在接触广告的瞬间就能快速感知到，以简洁明了的方式传达产品的关键信息，使受众能够快速理解产品的核心价值和优势。突出特征的手法也是常见的表现手法，是突出广告主题的重要手法之一，有着不可忽略的表现价值。

3. 对比衬托法

对比是艺术美中最突出的表现手法。它把作品中所描绘的事物的性质和特点放在鲜明的对照中来表现，借彼显此，互比互衬，从对比所呈现的差别中，达到集中、简洁、曲折变化的表现目的。这种手法可以更鲜明地强调或提示产品的性能和特点，给消费者以深刻的视觉感受。作为一种常见的行之有效的表现手法，可以说，一切艺术都受惠于对比表现手法。如图所示，图中对比手法的运用，不仅加大了广告主题的表现力度，而且饱含情趣，增强了广告作品的感染力。对比手法运用的成功，能使貌似平凡的画面隐含着丰富的意味，展示广告主题表现的不同层次和深度。

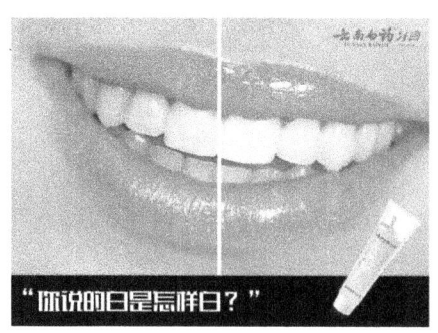
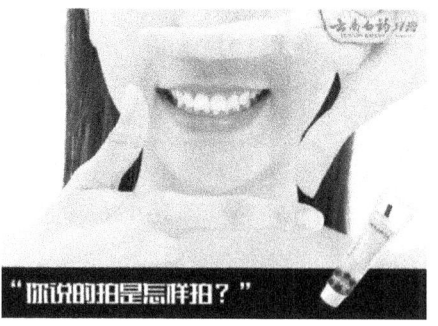

图片来源：指导18级学生设计作品

4. 合理夸张法

（1）借助想象，对广告作品中所宣传的对象的品质或特性的某个方面进行相当明显的夸大，以加深或扩大人们对这些特征的认识。文学家高尔基指出："夸张是创作的基本原则。"如图所示，"阅读，要第一时间""阅读，要酣畅淋漓"，这种手法能更鲜明地强调或揭示事物的实质，加强作品的艺术效果。

图片来源：指导 18 级学生设计作品

（2）夸张一般追求新奇变化，通过虚构把对象的特点和个性中美的方面夸大，赋予人们一种新奇与变化的情趣。

（3）按其表现的特征，夸张可以分为形态夸张和神情夸张两种类型，前者为表象性的处理品，后者则为含蓄性的情态处理品。夸张手法的运用，为广告的艺术美注入了浓郁的感情色彩，使产品特征鲜明、突出。

5. 以小见大法

在广告设计中对立体形象进行取舍、浓缩、强调，以独到的想象抓住一点或一个局部加以集中描写或延伸放大，以更充分地表达主题思想。这种艺术处理以一点观全面，以小见大，给设计者带来了很大的灵活性和无限的表现力，同时为接受者提供了广阔的想象空间，使接受者获得生动的情趣和丰富的联想。

以小见大中的"小"，是指广告画面描写的焦点和视觉兴趣中心，它既是广告创意的浓缩和生发，也是设计者匠心独具的安排，因而它不是一般意义的"小"，而是小中寓大、以小见大的高度提炼的产物，是简洁的刻意追求。

6. 运用联想法

在审美的过程中通过丰富的联想，能突破时空的界限，扩大艺术形象的容量，加深画面的意境。通过联想，人们在审美对象身上看到自己或与自己有关的经验，美感往往显得特别强烈，从而使审美对象与审美主体融为一体，在产生联想过程中引发了美感共鸣，其感情的强度总是激烈的、丰富的。

7. 幽默法

幽默法是指广告作品中巧妙地再现喜剧性特征，抓住生活现象中局部性的东西，将人们的性格、外貌和举止的某些特征表现出来。幽默的表现手法，往往运用饶有风趣的情节和巧妙的安排，把某种事物演绎到漫画的程度，造成一种充满情趣、引人发笑而又耐人寻味的幽默意境。如图所示，幽默的矛盾冲突可以达到意料之外、情理之中的艺术效果，勾起观赏者会心的微笑，以别具一格的方式发挥艺术感染力。

图片来源：指导 18 级学生设计作品

8. 借用比喻法

比喻法是指在设计过程中选择两个各不相同，而在某些方面又有些相似性的事物，"以此物喻彼物"，如图所示，比喻的事物与主题没有直接的关系，但是在某一点上与主题的某些特征有相似之处，因而可以借题发挥，进行延伸转化，获得"婉转曲达"的艺术效果。

图片来源：指导 18 级学生设计作品

与其他表现手法相比，比喻法更为含蓄隐晦，有时难以一目了然，但一旦领会其意，便能给人带来意味无穷的感受。

9. 以情托物法

以情托物法是通过情感来衬托产品，让产品借助情感的力量来打动消费者。艺术的感染力最有直接作用的是感情因素，审美就是主体与美的对象不断交流感情并产生共鸣的过程。以情托物法是广告创意中通过将产品与特定情感建立绑定关系，以情感共鸣驱动消费者行为的沟通策略。其本质是"用情绪价值包裹功能性诉求"——通过情感符号的叙事，使产品成为情感需求的物理载体，而非单纯的功能展示。艺术有传达感情的特征，"感人心者，莫先乎情"这句话已表明了感情因素在艺术创造中的作用，以情托物法是指在广告设计中，不仅仅直接展示产品或服务的特性，而是通过营造一种特定的情感氛围或讲述一个富有情感的故事，将产品或服务嵌入其中，使消费者在感受情感的同时，自然而然地对产品或服务产生好感和认同感。通过情感元素的融入，将抽象情感转化为可感知的符号，通过场景还原或痛点共鸣引发情感共振，以美好的感情来烘托主题，真实而生动地展现这种审美体验，便能以情动人，充分彰显艺术的感染力，这是现代广告设计的文学侧重和对美的意境与情趣的追求。以情托物法是一种有效的广告表现手法，它能够帮助企业更好地与消费者建立联系、传达信息并促进销售。

图片来源：指导 18 级学生设计作品

10. 悬念安排法

在表现手法上故弄玄虚，布下疑阵，使消费者对广告画面乍看不解，产生一种猜疑和紧张的心理状态，在消费者的心理上掀起层层波澜，驱动他们的好奇心，开启积极的思维联想，引起消费者进一步探明广告题意的强烈愿望，然后通过广告标题或正文点明广告的主题，使悬念得以解除，给消费者留下难忘的心理感受。

悬念手法有相当高的艺术价值，它首先能加深矛盾冲突，吸引观众的兴趣和注意力，造成一种强烈的感受，产生引人入胜的艺术效果。

11. 选择偶像法

在现实生活中，人们心里都有自己崇拜、仰慕或效仿的对象，而且有一种想尽可能地向他们靠近的心理欲求，从而获得心理上的满足。这种手法正是针对人们的这种心理特点运用的，它抓住人们对名人偶像的仰慕心理，选择观众心目中崇拜的偶像，配合产品信息传达给观众。名人偶像有很强的号召力，故借助名人偶像的形象，可以大大提高产品的印象程度与销售地位，树立名牌的可信度，产生不可言喻的说服力，诱发消费者对广告中名人偶像所赞誉的产品的注意从而激发起购买欲望。

偶像的选择可以是风姿绰约的超级女明星，气质不凡的男明星；也可以是驰名世界体坛的高手；还可以是社会名流、艺术大师等。偶像的选择要与广告的产品或服务在部分特征上相吻合,不然会给人牵强之感,使人产生抵触情绪,这样就不能达到预期的目的。

12. 谐趣模仿法

这是一种创意的引喻手法,别有意味地采用以新换旧的借名方式,把普罗大众熟悉的名画等艺术品和社会名流等作为谐趣的对像,经过巧妙的艺术加工,使名画名人产生谐趣感,给消费者一种崭新奇特的视觉印象和轻松愉快的趣味性,以其神秘感提高广告的诉求效果,增加产品"身价"及提高关注度。

图片来源:指导18级学生设计作品

这种表现手法将广告的说服力,寓于一种近乎漫画化的诙谐情趣中,令人发笑,使人赞叹,让人过目不忘,留下饶有奇趣的回味。

13. 连续系列法

连续的画面,形成一个完整的视觉印象,使画面和文字传达的广告信息清晰、突出、有力。广告画面本身有生动的直观形象,多次反复的不断积累,能加深消费者对产品或服务的印象,获得好的宣传效果,对扩大销售、树立品牌、刺激购买欲、增强竞争力有很大的作用。作为设计策略的前提,确立企业形象有不可忽略的重要作用。

作为设计构成的基础,形式心理的把握是十分重要的,从视觉心理来说,人们厌弃单调划一的形式,追求多样变化,连续系列的表现手法符合"寓多样于统一之中"这一形式美的基本法则,使人们于"同"中见"异",于统一中求变化,形成既多样又统一、既冲突又和谐的艺术效果,加强了艺术感染力。

第 5 章 广告创意的思维

5.1 思维与创意思维

5.1.1 思维的概念和特征

1. 思维的概念

思维是人脑对客观事物的间接、概括的反映,是大脑为了解决某个问题而进行的不同维度的、有秩序的思考,从多角度、多方位考虑问题解决的方法。这里的不同维度和有秩序就是人们常说的思维方式。面对同一问题,不同人的认识是不一样的。思维是借助语言、表象或动作实现的、对客观事物概括的和间接的认识,是认识的高级形式。它能揭示事物的本质特征和内部联系,并主要体现在概念形成和问题解决的活动中。思维与感觉、知觉、记忆既有区别,又有联系。

2. 思维的特征

常规性思维只能表面地、简单地揭示事物的表象及事物之间的常规性活动的轨迹,主要考虑是否合乎理性和逻辑。

奥兰多迪士尼乐园的理念区别于常规性思维。在奥兰多迪士尼乐园中,出现在爱普卡中心的第一个游乐项目就是"通往想象之旅"。从表面来看这只是为孩子提供娱乐的,因为它的特色就是一个紫色的叫作"虚构"的可爱生物(跟游客想象中的虚构事物一样)。这个主题公园展示了普通人也能够运用自己的创造力成为一个创造性的思想者。

间接性与概括性是思维的2个重要特征。

（1）间接性。思维的间接性是指人们借助一定的媒介和知识经验间接认识客观事物。思维具有间接性，所以人们才能够以间接的形式去推知过去、认识现在与预测未来。思维的间接性有以下3个作用。一是思维使人们能够超越感官结构与机能的局限认识客观事物，如人们能知道超声波的存在等。二是思维使人们能够突破时间与空间的限制，了解遥远的过去与宏观或微观世界中物质的结构与运动，如人们知道珠穆朗玛峰地区在4000万年前是一片汪洋大海等。三是思维使人们能够触及由于事物的内隐性特点而无法直接被感知的那些属性与规律，如人们能够了解大脑皮质高级神经活动的特点与规律等。

（2）概括性。思维的概括性是指在大量感性材料的基础上，把一类事物共同的特征和规律抽取出来，并加以概括。思维的概括性表现在2个方面：一是思维反映的是一类事物共同的、本质的属性；二是思维可以反映事物的内部联系和规律。通过思维活动，把同一类事物或现象的共同、本质的属性抽取出来，加以概括，同时把概括出来的认识推广到同类事物或现象中去，这就是思维的概括性特征。

人们间接认识客观事物的基础是思维的概括性活动。当然，思维之所以能够进行间接与概括性的活动，是因为它由感知提供材料，并经过了"去粗取精，去伪存真，由此及彼，由表及里"的加工过程。因此，感性认识是思维活动的基础。

5.1.2 创意思维的生成

创意思维是指能够获得新知识并能产生新颖思维成果的思维活动，如空城计和田忌赛马。广告创意并不神秘，但它受制于广告策略，并要永远保持创新的思维与激情。

不断发展的社会，每一天都在不断创新，不断进步。无论是科学研究、艺术创作、军事决策、广告策划、企业经营、读书学习、人际沟通、自我规划，还是事业发展，都需要创意思维。创意思维是逻辑思维、形象思维、逆向思维、发散思维、系统思维、模糊思维和直觉、灵感等多种认知方式综合运用的结果。

1. 创新思维的独创性

创新思维是对思维某些特征的强化。例如，从多角度观察和思考问题的发散性，把需要解决的问题与其他事物进行联系和比较，包括思维过程的辩证性、思维空间的开放性、思维主体的能动性及思维成果的独创性。其中，独创性是创新思维最具代表性的特征，也是广告创意的关键。

2. 创新思维独创性的生成

随着人们审美情趣的不断提高，广告创意的独创性也在不断提高。若要使广告的表现符合时代精神，那么创意的诞生要经历四大环节：境域—启迪—顿悟—验证。

3. 挖掘创意潜能应着眼于独创性

精彩的形象广告与公益广告亲切自然，它们扎根于人们的意识中，触及人们的灵魂，使人们久久不能忘怀。无论广告创意的求索、知觉信息的筛选、诱因条件的妙用，还是设计灵感的显现，都离不开对创意潜能的挖掘。创新思维在表达方式上着眼于个体，通过个体特殊的形象来反映事物的共性。因此，广告作品要具有独创性，就必须从不同的侧面塑造新的形象，深刻反映事物的普遍性，揭示其客观本质与规律。

4. 广告创意实践中贯穿独创性

系列化的形象广告和公益广告能够放大品牌在受众心中的形象。在系列形象广告和公益广告创意元素中，有一个相同的元素——在既定的目标下"生动地"表现"单一的主题"。每一个广告表述的主题必须"单一"，这是因为一个广告表述一个主题是最有效的，只有这样才会在市场上受到关注。广告创意实践使人们认识到"会综合就能创意"。独特的广告创意通常不过是常规的组合，不应该把广告创意神秘化，关键是运用创新思维把常规的事物综合成"新颖独特、有文化品位、具有吸引力"的广告作品。

5. "链式效应"有利于提高广告创意的实效

广告创新思维具有"链式效应"。在广告创意实践中，当一个又一个创意设想涌现时，先提出的设想必然会对后面的设想产生刺激诱发作用，就像燃放鞭炮一样，点燃一个就会引起一连串的爆响。"链式效应"会使广告创意产生强烈的冲击作用。广告创意的成功不是偶然的、心血来潮的，广告创新思维"链式效应"触发的前提是视野开阔，学会综合运用知识，同时还要紧跟摄影与广告潮流，善于转移知识。

5.2 思维的特质

思维是借助语言、表象或动作实现的、对客观事物概括的和间接的认识，是认识的高级形式。进行广告创意时，创作者不仅需要有强烈的创作动机、能力和技巧，还需要掌握产生创意的思考方法。

1. 垂直思考法与水平思考法

垂直思考法是一种线性、递进式的思维方式，强调对已有问题的深度挖掘和逐步优化，注重逻辑性和可行性。其特点是按照常规思维，在固有的模式下凭借旧经验、旧知识来深入思考与改良，这种方法思路清晰，思维不容易被其他因素扰乱，比较稳定。垂直思考法能够对事情做更深入的研究和表达，但不易产生新的创意；水平思考法强调思维的多向性，善于从多方面观察事物，从不同角度思考问题，思维途径由一维到多维，属于发散思维。因而，在思考问题时能摆脱旧知识、旧经验的约束，打破常规，创造出新的意念。在社会发展过程中，人们常常会得到巨大的收获。在进行广告创意时，水平思考法可以弥补垂直思考法的不足。

2. 头脑风暴法

"头脑风暴法"由美国人亚历克斯·奥斯本（Alex Osborn）于1938年首创，英文为"Brainstorming"，又称"脑力激荡法"。这种方法是指组织一批本专业的专家、学者、从业人员和其他人员共同思考，集思广益进行广告创意，也是目前运用最为广泛的一种创意方法。它通常针对某一议题进行集体讨论，深入挖掘，直至产生优秀的广告创意。头脑风暴法的内容和方式主要有以下几个方面：选定议题、脑力激荡、筛选与评估，对创意的质量不加限制。

3. 想象法

（1）组合想象法。将2个以上现实存在的、独立的形象，依据表现主题的需要组合在一起，形成新的形象。多数广告创意都是由此产生的。

（2）黏合想象法。将客观存在的2个独立形象，依据表现主题的需要进行局部的结合，从而形成一个新的独立形象。

（3）夸张想象法。广告创意者在构思主题的主体形象时，将其形体扩大或缩小，或将表现主题的人物行为夸大。前者是形体夸张想象，后者是行为夸张想象。两者都是构思创意时常使用的创造新形象的方法。

（4）强调想象法。在构思广告创意时，将能表现主题的某些特征凸显出来，形成引起人们瞩目的新形象。强调想象法与夸张想象法的共同点是形体扩大，但强调想象法是局部形体夸大，而夸张想象法是整体形体扩大。

（5）变形想象法。在构思表现广告主题的主体形象时，有意识地歪曲其外形，使其以新奇、怪诞的形象引人注目。

（6）颠倒想象法。在构思表现广告主题的主体形象时，有意识地颠倒其外形，使其以怪诞的行为方式引人注目。

（7）重叠想象法。在构思创意时，将表现主题的两件商品重叠成一个完整、独特的新形象，用来表现商品特有的品质和性能。

4. 变相思考法

（1）侧向思维法（多角度思考）。在日常生活中常见人们在思考问题时"左思右想"，说话时"旁敲侧击"，这就是侧向思维的形式之一。

（2）逆向思维法。逆向思维是超越常规的思维方式之一。当陷入思维的死角不能自拔时，不妨尝试一下逆向思维法，打破原有的思维定式，反其道而行之，以开辟新的艺术境界。

（3）反叛思维法。创意的本质就是改变。威力更大的，就是颠覆（反叛）。创意须具备的旗帜——反叛，反叛不等于创意，但人们创意需要反叛及挑战的精神。反叛性是爆发式的革命，它的设计思想有明显的反传统性。

（4）捕捉灵感法。灵感思维是潜藏于人们思维深处的活动形式，它的出现有着许多偶然的因素，不能以人们的意志为转移，但人们能够努力创造条件，有意识地让灵感随时迸发。

（5）软性思维法。软性思维法主要采用借物喻物的表现方式，因此具有比较强烈的指向性和象征性。

5.3 创意思维训练

5.3.1 创意思维的过程和方法

心理学研究表明:"创造性思维是智力活动的重要部分。它是一种摆脱了习惯定式解决问题的思维方式。它鼓励在发散性思维的基础上进行聚合思维,创造性地解决问题。"其核心是创造性思维。同时,创新意识和创造能力也须以创造性思维作为基础。

1. 问题界定

明确广告目标,如提高品牌知名度、促进产品销售、改变消费者态度等。例如,某运动品牌新推出一款跑鞋,广告目标是在年轻消费者群体中提高该产品的知名度,并促进购买。

深入研究产品或服务的特点、优势、功能等。对于上述跑鞋,需了解其材质(如透气网面、减震鞋底等)、设计(时尚的外观、人体工程学设计)及适合的运动场景(马拉松、日常慢跑等)。

分析目标受众的特征,包括年龄、性别、兴趣爱好、消费习惯等。该跑鞋的目标受众主要是 18~30 岁的运动爱好者,他们注重健康生活方式,喜欢在社交媒体分享运动经历,对时尚有较高敏感度。

2. 信息收集

内部信息收集,包括企业理念、品牌文化、过往广告风格和案例等。例如,该运动品牌的文化是"挑战自我、突破极限",过往广告常以激励、热血的风格呈现。

外部信息收集,如市场趋势、竞争对手广告策略、流行文化元素等。当前运动市场的潮流是结合智能科技,竞争对手可能已在广告中突出跑鞋的智能连接功能,同时,年轻人群体中流行的动漫、电竞等元素也可作为参考。

3. 孵化期

暂时放下对广告问题的直接思考,让潜意识开始工作。可以通过一些轻松的活动来实现,如散步、听音乐、看电影等。例如,广告创意团队成员在经过前期紧张的信息收集后,去户外散步,呼吸新鲜空气,让大脑从紧张的思考状态中暂时解脱出来。在潜意识层面，大脑会对之前收集的信息进行自由联想和组合。例如，在散步过程中，成员可能会突然想到之前在某动漫中看到的热血团队形象，与跑鞋所代表的活力、挑战精神联系起来。

4. 启发期

通过外部刺激或内部记忆的闪现来激发灵感。可能是看到路边的一场街头篮球赛，其中球员充满活力的表现与跑鞋想要传达的运动精神相契合，从而引发创意灵感；也可能是突然回忆起之前看过的一部关于奋斗的电影，其中主角不断突破自我的画面，为跑鞋广告创意提供了新的思路。灵感触发后，开始形成初步的广告创意观念。例如，结合街头篮球赛的场景和电影中主角的奋斗精神，形成一个以"城市运动挑战赛"为主题的跑鞋广告创意，通过展示不同运动场景下年轻人穿着跑鞋挑战自我的画面，来传达跑鞋助力运动爱好者突破极限的理念。

5. 创意评估

从创意的新颖性、可行性、相关性和吸引力等方面进行评估。例如，对于"城市运动挑战赛"这个创意，新颖性在于将多种运动场景融合；可行性要考虑是否能够实际拍摄和制作；相关性体现在是否能紧密围绕跑鞋的特点和目标受众的兴趣；吸引力则要看是否能引起目标受众的关注和共鸣。据评估结果，收集目标受众代表、团队成员或其他相关方的反馈意见，对创意进行修改和完善。

5.3.2 求异与形象思维训练

求同思维与求异思维是视觉艺术思维过程中相辅相成的 2 个方面。在创作思维过程中，以求异思维去广泛搜集素材，自由联想，寻找创作灵感和创作契机，为艺术创作创造多种条件。然后运用求同思维法对所得素材进行筛选、归纳、概括、判断等，从而产生正确的创意和结论。

1. 求异思维的概念

求异思维就是突破只从单方向、正面思考的习惯，遇到问题要从异于以往的方面，善于从反面和侧面去思考的一种思维方式。

广告创意的生命力在于对传统的颠覆和创新。面对瞬息万变的市场环境、日新月异的新技术、新产品,以及复杂多样的消费行为,求新、求变是企业组织和广告业生存的要义。

求异性是广告创意思维的本质特征。所谓思维的求异性,就是打破原有的思维模式,寻求事物形和质的变异。

创意思维的求异性,首先要求的是观点的转变。对广告创意来说,就是在已有的产品特征和销售状况的前提下,去寻找、提炼宣传主题和表现方式。要进行一种发现式的创新,即改变立场后就可看见过去视而不见的东西。

2. 求异思维的方式

求异思维通常有3种方式:

1)转换立场,改变对产品的认知

当某种商品的使用和宣传已经司空见惯时,广告就不能仍围绕着那些最基本的、最明确的诉求点来做文章,而要换一个角度去思考产品的功能及利益点,从而提出新的概念。

2)制造新奇,诱发新的兴趣

面对熟悉的产品和宣传手段,公众会有心理上和视觉上的厌倦,难以产生浓厚的兴趣。广告的创新就是要在熟悉中制造新奇,让不奇怪的变得奇怪,让熟悉的变得陌生。也就是说,要使公众以不同的角度去审视熟悉的事物。如果产品功能和利益是熟悉的,但表现方式却是新奇的,就会令人刮目相看。例如,李维斯牛仔裤一直以货真价实著称,但广告总是花样翻新,为品牌注入新的活力。

3)增添内容,打破乏味的简单

创意经常强调简化,也就是使用简单的概念和清晰的表现手法。但面对日益趋同的简单,公众就会变得麻木,觉得乏味。这就要求创新开始追求简单中的丰富,主张就宣传主题而言,不断挖掘未曾被人注意到的新的特性和观点。许多品牌为了与竞争对手拉开距离,保持领先地位,不断宣称产品新技术复杂性的策略。例如,宝洁公司的产品从牙膏到洗发香波都展示着产品生产技术的复杂性和功能的丰富性,创造了技术领先的王牌形象,诱导消费者去追随。

爱因斯坦在回忆自己的成功之路时曾说:"我在16岁时常想如果追着光

线跑，会发生什么情况呢？"正是他对这个情形长时间的想象，引导他发表了狭义相对论的第一篇论文。

3. 形象思维的概念

所谓形象思维主要是用直观形象和表象解决问题的思维。其特点是具有形象性、完整性和跳跃性。这是人的一种本能思维，人一出生就会无师自通地用形象思维考虑问题。

形象是对感觉的直接综合和概括。当人利用已有的表象解决问题，或借助于表象进行联想、想象，通过抽象概括构成新形象时，这种思维过程就是形象思维。例如，一个人要外出，他要考虑环境、气候、交通工具等情况，分析走什么路线最佳，带什么衣物合适，这种利用表象进行的思维就是形象思维。

形象思维不仅以具体表象为材料，而且也离不开鲜明生动的语言。形象思维分为初级形式和高级形式2种。初级形式称为具体形象思维，主要凭借事物的具体形象或表象的联想来进行的思维。高级形式的形象思维就是言语形象思维，它借助鲜明生动的语言表征，形成具体的形象或表象来解决问题，往往带有强烈的情绪色彩。形象思维的典型表现是艺术思维，它是在大量表象的基础上，进行分析、综合、抽象、概括，形成新形象的创造。因此，形象思维也是人类思维的一种高级和复杂的形式。

形象思维往往是顿悟式的短线思维，速度非常快，有时能迅速地发现一些客观规律，但是正因为如此，形象思维缺乏严密性，如果不辅以逻辑思维的严密思考，往往会导致错误。

形象思维与逻辑思维相辅相成，缺一不可，没有好坏之分。

这些理想化实验并不是对具体的事例运用抽象方法，舍弃现象，抽取本质，而是运用形象思维的方法，将表现一般、本质的现象加以保留，并使之得到集中和强化。

形象思维还扩大了思维的时空范围，增强了认识的能动性。

5.3.3 扩散思维与集中思维训练

21世纪是知识经济时代，知识经济的本质就是创新，培养创新思维是时代对大学生提出的基本要求，也是大学生必备的素质。创造性思维活动，实际上是发散思维和集中思维的有机结合。

为什么要把发散思维和集中思维放到一起来讨论呢？这是因为发散思维和集中思维都是创新思维的组成形式，任何一个创新的过程，都必然是由发散到集中，再由集中到发散，多次循环往复的思维过程，直到问题解决。

1. 扩散思维的概念

扩散思维是指从一个问题（信息）出发，突破原有的知识圈，充分发挥想象力，经不同途径、从不同角度去探索，重组眼前信息和记忆中的信息，产生新的信息，而最终使问题得到圆满解决的思维方法。

2. 扩散思维的特点

1）流畅性

流畅性是衡量思维发散的速度（单位时间的量），可以看作衡量发散思维"量"的指标。其中包括字流畅性、词流畅性、图形流畅性、观念流畅性、联想流畅性、表达流畅性等。

2）变通性

变通性是发散思维的"质"指标，反映了发散思维的灵活性，是思维发散的关键。变通性是指知识运用上的灵活性，观察问题的多层次、多视角，包括对概念、定义、内容的借用、替换、交叉、整合。

3）独创性

独创性是发散思维的本质，反映发散思维的新奇成分，是思维发散的目的。独创性也可称为新颖性、求异性，这一点是创新思维的基本特征和标志。

3. 扩散思维的形式

1）结构扩散

结构扩散是指以某个事物结构为扩散点，设想出该结构的各种可能性的思维活动。

2）材料扩散

材料扩散就是以材料为扩散点，设想它们多种可能性的思维活动。

3）功能发散

功能发散就是以某种功能为扩散点，设想获取该功能的各种可能性的思维活动。

4）方法扩散

方法扩散就是以人们解决某种问题的方法为扩散点，设想出各种可能性方法的思维活动。

5）因果扩散

因果扩散是以事物发展的因或果为发散点，设想出由因及果或由果及因的可能性的思维活动。

4. 集中思维的概念

集中思维指人们解决问题的思路朝一个方向前进，从而形成唯一的、确定的答案。即在发散思维的基础上，将获得的若干信息或思路加以重新组织，使之指向一个正确的答案、结论，或者说是最好的解决方案。

5. 扩散思维与集中思维的统一

扩散思维体现了"由此及彼""由表及里"的思维过程，而集中思维体现了"去粗取精""去伪存真"的思维过程，也就是先要"多谋"，再来"善断"。

6. 发散思维与集中思维的区别

发散思维是由问题的中心指向四面八方，集中思维是从四面八方指向问题的中心。发散思维是一种跳跃式的思维方式，集中思维是一种连续性的思维方式。发散思维具有发散性，便于选择、求新；集中思维具有闭合性，便于开掘、求深。发散思维重在疏导、变通和搞活，集中思维重在梳理、调节和控制。发散思维要把各种不同的可能性都设想到；集中思维则要对这些可能性进行比较和选择，并从中找到最佳方案。

7. 集中思维与发散思维的联系

发散思维与集中思维是一种辩证关系。

集中思维以发散思维为前导，如果没有发散思维的广泛收集，集中思维就没了加工的对象。发散思维是集中思维的前提，没有集中思维的认真整理，发散思维的结果再多，也不能获得有意义的创新结果。

只有交替运用发散思维和集中思维，才能圆满完成一个创新过程。发散思维与集中思维相结合，可以发掘更多的措施，再将其组合、排序、合并为一个最佳的方案。

5.3.4 联想与逆向思维训练

众所周知，学习是一件特别枯燥的事情，可能在人们身旁，会有许多人抱怨学习无趣。例如，很多学生会在写作文时感觉没有什么东西可写，抱怨自己写出来的文章空洞无物，这其实就是缺乏想象力的表现。一个人有了丰富的想象力，他就拥有了联想的空间，这使得他做事拥有了强大的驱动力，想象力可以将光明的未来展示在人们的脑海里，鼓舞人们以更大的精力去从事创造性的学习。

只有拥有丰富的想象力，人们的学习才会具有创造性，在学习过程中，才会发现学习也是一种乐趣。

1. 联想思维的概念

联想指由当前感知的事物回忆起有关另一事物，或由想起的一种事物的经验，又想起另一事物的经验这一心理过程。

2. 联想思维的分类

由于一定的诱因，人们在脑海中将一种事物与另一种事物联系起来，从而解决问题。这种思维方法对于人们学习记忆、发明创造、进行艺术创作等都具有十分重要的意义。具体而言，联想思维法大致可分为接近联想、相似联想、对比联想、因果联想等。

1）接近联想

根据事物之间在空间或时间上的彼此接近进行联想，进而产生某种新设想的思维方式。

2）相似联想

由某一事物或现象想到与它相似的其他事物或现象，进而产生某种新设想。即对形似、义近的事物加以类比而产生的联想。

3）对比联想

对于性质或特点相反的事物的联想。对比联想反映出事物间共性和个性的和谐统一，事物在某一种共同特性中却又显示出比较大的差异，从而形成比较强烈的对比。

4）因果联想

在广告中常用这种因果关系揭示某种商品可以满足消费者的某种需要，把商品观念和需要观念联系起来，以突出产品的个性。

3. 联想思维的方法

1）自由联想法

自由联想法指的是思维不受限制的联想，从多方面、多种可能性中寻找问题的答案。

2）强制联想法

强制联想是指把思维强制性地固定在一对事物上，并要求对这对事物产生联想。

3）仿生联想法

仿生联想法是通过研究生物的生理机能和结构特性，设想创造对象的方法。

创意思维训练离不开逆向思维，这是因为创新总要强调自己是崭新的东西，与原有的东西不相容。

逆向思维对于图形设计领域的创新意识，表现出神奇的作用，逆向思维"逆"的是主流，"反"的是常规。在图形创意设计中采用逆向思维方式，总能获得与众不同，面目一新的作品，使观众在强烈的视觉冲击中感到吃惊、震撼，从而引起兴趣并进一步求解和加深印象，实现正向思维所达不到的丰富信息内涵和强烈的视觉冲击力。

4. 逆向思维的概念

逆向思维是对司空见惯的似乎已成定论的事物或观点反过来思考的一种思维方式，从问题的反面深入地进行探索，树立新思想，创立新形象。

5. 逆向思维自我训练要点

逆向思维是一种比较特殊的思维方式，它的思维取向总是与常人的思维取向相反，如人弃我取，人进我退，人动我静，人刚我柔等。

那么如何进行逆向思维呢？

① 就事物依存的条件进行逆向思考。

② 就事物发展的过程逆向思考，如人上楼梯是人走路，而电梯是路走，

人不动。

③ 就事物的位置进行逆向思考。

④ 就事物的结果进行逆向思考。

在商业营销运作中,也常有逆向思维的应用。例如,做钟表生意的都喜欢说自己的钟表准,而一个表厂却说他们的表不够准,每天会有1秒的误差,不但没有失去顾客,反而得到了大家的认可,纷纷踊跃购买。

第 6 章

广告的视觉基本要素

如果广告能在短时间内引起目标消费者的注意,并让他们产生进一步了解详情的兴趣,那么这则广告的任务就算成功完成了。广告要达到最佳宣传效果,就要解决"怎么说"这个问题,而利用好图形、文字、色彩等视觉基本要素,采取最有效的表现方法和技巧来体现广告的诉求,就是解决这个问题的关键。

6.1 图形是一种视觉语言

6.1.1 图形与图像

图形与图像是两个不同的概念,图像是自然的真实事物的客观反映,是人类视觉认知的基础,图形是通过视觉形象传递信息的一种表现形式,包含了被描述对象的有关信息,能被人认知、识别、理解。因此,可以说图形是一种视觉语言,对图形的识别是建立在对图像的认知基础上的。广义地讲,凡是能在人的视觉系统中形成视觉印象的客观对象均可称为图形。

图形具有直观、生动、易识、易记等特点,是人类社会活动中最常用的信息载体之一,图形的表达手段非常丰富,具有识别性、说明性、释义性等特性,地域、语言、文化等差异限制都很难阻隔人类通过图形进行的交流,无须更多文字说明也能使人心领神会,是人类接收信息的形式之一。

在广告设计中,图形和文字相互融合,共同组成了广告画面的核心,而图形比文字更容易吸引消费者的注意力,使广告能在生活节奏越来越快的"读图时代"更为有效地传递信息。

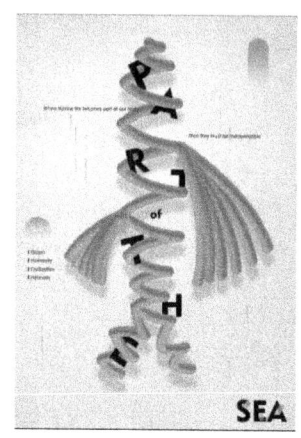
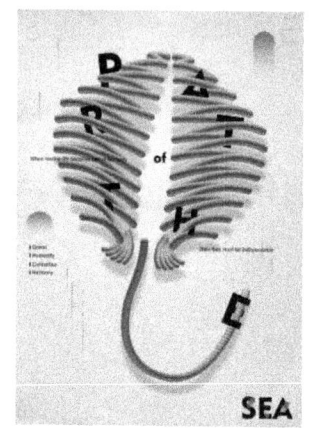
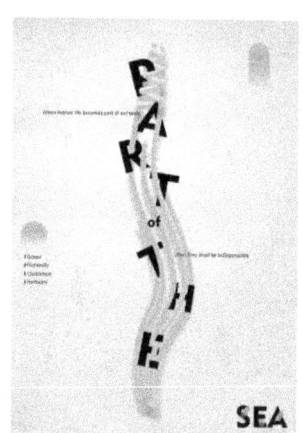

图片来源：指导18级学生设计作品

6.1.2 图形表现的基本原则

好的创意不需要用太多的文字来进行描述，掌握一些图形表现的基本原则，可以让广告人的作品在画面表现方面更容易出彩。

1. 传达准确

图形作为一种视觉语言，信息表述的清晰度和准确性是进行图形设计的基本要求。

就如同人与人之间进行对话时需要组织语言一样，广告也要简明扼要、准确地说出主题，尽可能避免让人揣摩语句中隐晦的含义。这是因为个人的经历、阅历、环境语境等多方面的不同，在理解时也可能会产生不同的解读。而在设计图形时，同样需要注意这个问题，图形"说"出来的信息，既有设计者想表达的含义，也可能引发歧义。因此，在创作广告作品的图形时一定要根据产品定位，精准"说"出主题，避免消费者认知被干扰，错误地理解创意。通过图形，清晰、准确地传达广告设计的主题，减少因此产生的对广告内容的曲解，会使广告更具亲和力，更容易被消费者接受。

例如，松下数码相机广告的图形准确地传达出广告想要表达的主题——防抖。松下数码相机的系列广告，通过图形和杂技的形式，营造一种"不稳"的结构，以此准确地传达出广告想要表达的主题——相机防抖功能很优秀。

2. 易于识别

画面信息一定要简单、直接、易于识别，这样能减少消费者的疑惑。当今社会，人们被浩瀚的信息海洋包围，消费者不再会停下来花很长时间揣摩某个画面中隐晦的含义，要知道这只是一则广告，不是一份需要认真研读的重要文件。

例如，在佳能网络监控摄像机的系列广告画面中，没有眼花缭乱的产品参数描述，而是用摄像头来表现手铐，通过易于识别的画面告诉消费者，该系列产品性能优越，任何犯罪行为都难逃产品的"捕捉"。

3. 有鲜明的个性特征

当今社会是一个讲究个性且处处充满竞争的时代，广告之间的竞争压力同样很大，这是信息的竞争，个性鲜明的广告形象无疑能让广告信息在消费者眼前脱颖而出，使消费者产生深刻的记忆。这也是广告引人入胜的关键。

例如，东南汽车的系列广告，和常见的汽车广告不同的是，广告中并没有出现任何关于汽车的画面，而是使用生活中大家会下意识模仿的一些动作来拉近消费者与产品之间的距离，这种处理方法与同行业的广告形成了反差，具有鲜明的个性特征，容易引起消费者共鸣、产生兴趣。图中表现的"踩油门""换挡"等驾驶动作，也体现了广告的主题：随时随地·感受乐趣。

4. 营造气氛，引发联想

在讲究个性，寻求视觉上的冲击的同时，还可以注意消费者与广告图形在心理上的共鸣。通过营造出一种氛围，运用图形特有的造型意义去表达深层次的广告意境，达到预期的效果。

泰国的一则糖果广告（Super Zuper Sour Candy 广告），不用过多语言就能营造出一种"酸"氛围，把鼻子、眼睛、嘴巴都扭在了一起，通过人物表情画面就能反映这糖果一定非常酸。广告营造的气氛，非常容易使消费者产生联想。

5. 符合规范

设计创意可以天马行空，但是仍然需要有所约束。在设计和使用图形的过程中，必须遵守相关的法律法规，自觉维护公众的权益。所谓规范，既要执行国家相关部门制定的法律法规，也要尊重不同国家、民族、人群的文化习俗和宗教信仰，这就要求进行图形设计时要充分考虑到以上因素，这样可以减少很多麻烦。例如，丰田汽车的普拉多和兰德酷路泽的报纸广告。

日本丰田公司的普拉多（霸道）汽车和兰德酷路泽（陆地巡洋舰）汽车的报纸广告中石狮子向普拉多（霸道）汽车俯首、敬礼，以及广告词"霸道，你不得不尊敬"，很容易让人联想到卢沟桥事变、日本侵华、民族受辱等。兰德酷路泽（陆地巡洋舰）汽车为突显其品质，拖着国产汽车前进，也很容易伤害、贬低国货形象，这些广告在设计制作过程中没有充分考虑，发布后都产生了很大的负面影响，内容引起了我国民众的强烈不满，迫使其发布道歉声明，并将"霸道"更名为"普拉多"，发布这则广告的杂志社迅速撤下广告并公开致歉。

小米国际发布的新手机 Redmi Note 9 系列视频宣传片广告中，有一个画面是一个"大胖子"气球冲破了天花板，飞上了天空，背景则是东京浅草，后面还出现了核弹爆炸的场景。日本民众认为，这是在暗指二战时期美国在日本长崎投放的代号为"胖子"的原子弹，内容也引起了日本民众的强烈不满，最后小米国际下架了该广告。

6.1.3　图形的创意表现——提升图形的看读效果

广告作品中的创意是要实实在在地展现出来的，在开展设计时需要思考如何提升图形的可读性。在信息化时代，想要获得消费者的关注，就需要通过画面从特定角度展现商品特点，抓住"痛点"，打动消费者。可以通过以下的方法进行尝试。

1. 新

"新"主要表现在广告主题观点的"新"和画面表现手法的"新"2个方面，是为了从新的角度提出独特的主张和画面感官，使消费者心中产生第一联想。

新的主题观点就是富有创见性的、独特的、策略性的主意和手段，体现在策略层面。

新的画面表现手法就是对视觉符号进行突破重构、优化组合，采用新的视觉语言讲述产品与消费者相关的利益，与同类产品产生差异。

第一个提出新的主张或使用新的画面表现手法，就是创意，拒绝"似曾相识"，能给人耳目一新的组合，可以让创意保持新鲜感。

2. 趣味

有趣味性的方式表现产品的构思、见解或者观点,把需要传递的产品或服务信息变得有趣,使目标消费群体看完广告后,在会心一笑的同时能增加对广告内容的亲和力,或对产品产生兴趣,以达到广告宣传目的。

例如,通过有趣的画面内容表现商品的(外形、功能、效果等)基本信息、广告主题,或者消费者的需求等。

需要注意的是,只有让趣味表现所传递的信息与目标消费者的利益点紧密关联,才能发挥功效;在进行创意构思时,要尽量避免庸俗、无聊的低级趣味。

例如,贝立兹语言培训机构系列广告,广告语是"让你像当地人一样讲话",画面通过非常有趣的方式把广告主题进行了展现。

3. 夸张

从商品的角度,可以夸张地展示商品的各种利益点;从消费者的角度,可以夸张地表现商品能满足消费者的需求、能给消费者带来的好处或能为消费者解决的问题。需要注意的是,夸张的重点是利用具体的画面表现来聚焦产品的特点,从而吸引消费者注意,而不是夸大产品的功能,来误导消费者。

例如,超强吸水抹布广告,被碰倒的花瓶和茶杯,倒在地上的碗,所洒出来的水的造型都恰好有相同形状的下水口造型,不论什么液体,本产品都会让它像直接流进下水道一样清爽干净,广告在视觉上夸张了产品快速吸收的功效,也使消费者能通过广告了解产品特点。

4. 媒体

媒体,即广告的载体,当广告的载体成为广告创意的一部分,可以使媒体更有效地带动和传递广告信息,吸引消费者的注意。

例如,雀巢美禄(MILO)饮品户外广告,将户外广告牌的杆子刷成了跳高竿子的样子,与广告画面充分融合,画面让人产生一种和谐感、整体感。

5. 共鸣

广告想要达到宣传的目的,可以针对消费群体的特点,站在消费者的角度,通过一些消费者熟悉的事件或者事物场景展示商品卖点,使消费者在心理上产生共鸣,从而愿意接受商品相关的信息。

例如，杀虫剂系列广告，展现了人们经常被蚊虫困扰，但想尽办法又很难消灭它们的尴尬场景，很容易引起消费者共鸣。

6. 个性

有时候能从商品、服务的基本信息，或者LOGO、辅助图形等地方，找到有意思的点，凸显商品或服务的个性。

例如，可口可乐环保广告，将经典的白色波浪曲线进行个性化创意，曲线的一端变成了一只手，指向旁边的红色垃圾桶，将消费者熟悉的图形以个性化方式进行再创意，提醒消费者将垃圾进行分类投放。图中既展现了可口可乐的经典元素，易于识别，又通过个性化的设计吸引消费者参与到"环保"这一公益行动中。

7. 联想

将两个或两个以上的毫不相干的事物、相接近的事物或者相对立的事物，通过联想产生联系，可以更好地吸引关注。

例如，某书店广告，广告画面中，不同的人在睡前读着不同的书，虽然最后都不约而同地睡去，但身边这本好书中的角色却始终在一旁陪伴。该广告通过画面联想与广告主题："一本好书，是你最好的陪伴"产生关联，更容易吸引消费者关注。

8. 模拟

模拟模仿已知事物或人物，展现商品或服务的卖点和诉求，通过熟悉的事物、行为动作，让消费者产生熟悉感，通过产生共鸣来吸引关注。

9. 有故事

没有什么能比一个好故事更容易给人留下深刻印象了，通过画面讲好故事，突出商品或服务的优势或者能给目标消费者带来的体验，能使目标消费者提升代入感，容易记忆，容易形成口碑，也更容易讲述给其他人听。

例如，别克汽车公益广告——事关人命 遵守交规，画面内容很容易让受众联想到这里曾经发生了什么事情，违反交规给受害人及家人带来的痛苦，很容易引发代入感，引起人们对广告主题的重视。

10. 比较

比较的表现手法是将同类商品、服务或广告诉求进行比较，在比较过程中展示自身的优点，以达到在目标消费者心中建立良好形象的目的。有对比，消费者才能更直观地看到效果。例如，商品使用前后的效果、与竞争对手或行业标准之间的比较等。

需要注意的是，运用比较的表现手法时，不能指名道姓，不能贬低别人抬高自己，需要注意尺度，要确保真实性，并遵守相关的法律法规。

例如，健身俱乐部广告，可以通过比较的方式展现服务特色，同时也直观地告诉目标消费者过来体验服务能获得什么好处。

11. 互动

平面广告中的"互动"，通常是通过广告画面外的人或物体参与到广告场景的表现中，以实现展示效果。这种广告形式有更加丰富的传达手段、更加广泛的应用范围，能够通过与消费者进行双向沟通展现广告的艺术效果。

以上的图形创意方法，并不是单独存在的，在画面设计过程中，相互之间基本会有所联系，在设计过程中，可以将多种方法配合使用，增强图形的可读效果。

6.2 字体让阅读成为悦读

文字承载着人类历史与文化，是交流思想、传递信息的重要符号。在广告的视觉表现中，文字部分与图形部分都是传递信息的要素，文字能赋予图形意义，帮助目标消费者了解图形中包含的信息。文字作为视觉要素之一，具有无法替代的作用。

广告中的文字既是图形画面的构成元素之一，又是呼应图形、承载广告诉求的信息载体。可以说，文字字体设计在广告的表现效果中极其重要。

字体设计是结合现代设计的发展趋势，通过个性、艺术、趣味等表现方式将文字字体进行编辑，提升字体的美感，这也是设计师的基本素养和设计功力的体现，设计师不仅要对文字特别的熟练，还要具备敏锐的审美判断。在广告中，字体设计的目的是通过艺术设计使广告版式中的文字更美观，更便于阅读并能将要表达的内涵正确无误地传达给读者。根据广告画面中文字内容的不同分类，以及画面表现效果的需要，可以选择适合的字体或开展具有美感的字体设计，字体既要保证消费者能畅通无阻地阅读，又要具有独特的艺术美感，正确使用字体，可以增强广告的表现力，让"阅读"成为"悦读"。

6.2.1　广告中字体设计的基本原则

1. 阅读性

阅读性是广告字体创意设计的首要原则，要达到这一目的，就必须考虑文字的整体辨识效果，做到易读易识、准确表现文字内容，给人以清晰的视觉印象。辨识困难甚至无法辨识的字体、字体设计及没有考虑视觉流程的文字排列形式，是很难吸引消费者驻足了解广告信息的，这样的设计也违背了广告传递信息的最终目的。

2. 艺术美感

广告的字体设计在易读易识的基础上，还要追求字体造型的视觉美感。在美感表现上，字体设计与图像创意同样具有感染力，富有美感的、个性化的文字造型更容易吸引消费者的目光。此外，还需要协调好广告版面中文字造型与图形、文字与文字之间的关系，要形成整体统一的艺术美感，才能进一步加强广告的艺术表现效果。

需要注意的是，人们的审美是具有时代特征并受文化底蕴和文化背景影响的，在字体设计的过程中需要结合调研成果，充分考虑各种因素的影响。如果对文字内容不了解或选择了不准确的艺术表现手法，不仅会使创意字体的审美价值大打折扣，失去字体创意设计的意义，还会导致广告画面凌乱，设计元素相互冲突，削弱广告的表现效果。

6.2.2　广告中字体设计的表现方法

1. 字体变化

字体变化是指在文字的基本形的基础上，对字的笔画或结构进行变化或加工，使变化后的字体形态既具有本身的含义，又加强文字的视觉效果。如图所示,根据广告表现需求对字形进行设计能有效地丰富广告的视觉效果,提升广告文字的艺术美感,能给消费者带来不同的心理感受。常用的字体变化手法有横竖变化、粗细变化、加长与缩短、剪除与省略、连接与共用等。

需要注意的是,字形的变化要注意读者的阅读习惯,所有的创意手段都只是为了加强文字的阅读效果而采取的辅助手段,过于强调设计的感觉而忽略文字本身的可读性,会造成阅读障碍,影响广告的传播效果。

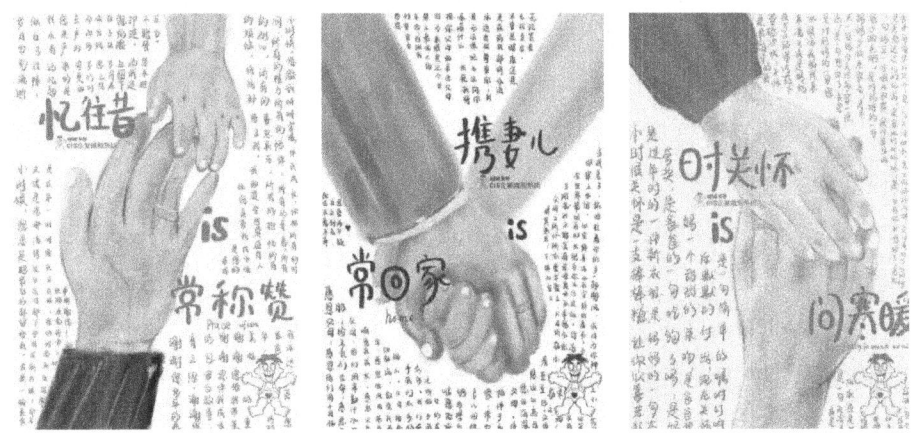

图片来源:指导18级学生设计作品

2. 图形字体

字体不仅能表达信息,还能通过美学设计增强装饰性和表现力。图形字体的表现形式有:①通过图形替换字体的笔画或结构;②将图形添加到文字中,形成文字的组成元素;③使用文字组合排列成有意义的图形;④图形和文字组成象形会意文字;⑤组成肌理效果文字;⑥利用大小、虚实等关系形成的空间文字等。这些表现形式可以使字体成为一种图形且更具有装饰性和表现力。各种图形元素与字体相融合,可以使文字的表意或隐喻更为直观地被消费者认知,而图形丰富的内涵和表现力也能打破文字结构一成不变的格局,丰富文字的视觉表现效果,也使文字更容易被消费者记住。

3. 文字排列变化

这里的文字排列变化主要是指广告中的文字编排效果，大多数广告的文案内容都是简短、精练的，根据内容可划分为广告标题、正文、口号等。在不影响信息传达的前提下，对文字内容的字体、字号、间距、排列走向等进行重新组合安排，突出主次，可以使文字更具活力和美感，更容易吸引消费者的注意。丰富且有特色的排列变化也是广告字体设计的重要表现方法。

除此之外，上文提到的将文字组合排列成有意义的图形也是文字排列的常用表现手法，能打破规整，通过重新组合排列字符，产生活力感和韵律感。

文字排列变化的建议：一是字体要规范、准确、醒目、易于辨认，内容要有主有次。二是要具备良好的识别性、可读性，能与广告的整体设计风格相和谐。

总的来说，广告虽然在商品与消费者之间起到"桥梁"的作用，作为沟通的纽带，但事实上也是一种对消费者的打扰行为，广告中的字体设计应该以消费者为中心，简洁明了，让消费者舒服阅读、轻松阅读。以消费者易于接受的形式给消费者带来乐趣，能更容易使之与产品建立情感纽带，产生偏爱。

6.3 色彩的构成要素

色彩作为视觉基本要素的表现方式之一，是广告中不可缺少的构成部分，在人们对视觉信息的感知过程中，对色彩的信息感知要比对图像的信息感知更强烈，这是因为色彩本身就是一种独特而强烈的表现力量，能够给人们传递丰富的情感感受。广告中色彩的运用，要与广告主题的表达紧密联系，充分发挥色彩对人心理的影响，准确表达广告中传达出的各种细腻的感情，增强广告的情感沟通、辨识与记忆等功能。

6.3.1 广告中色彩的作用

1. 准确传达主题信息

色彩具有象征性，根据广告主题的需求，正确选择主色调色彩，可以准确传达主题信息，对消费者心理产生深刻影响，更容易使消费者对商品产生兴趣。

例如，麦当劳开学季系列广告，将麦当劳的企业标准色、产品（薯条、汉堡）的颜色与文具相结合，准确传达了广告主题。

需要注意的是在广告设计中，针对不同的消费群体、不同的文化与地域环境等影响，应该注意避免使用一些禁忌的色彩组合。

2. 吸引作用

色彩能加强装饰感和美感，会对人产生刺激，对广告来说，色彩的作用就是吸引眼球。只有引起消费者关注，才有可能进一步与消费者产生沟通和交流。

3. 加强记忆和识别

在系列广告设计中，采用相同或相近的色彩，配合图文、版式进行重复连贯的展现，可以加强消费者对广告的记忆，达到吸引消费者视线、引起消费者关注的目的。企业形象识别系统的标准色和辅助色运用到广告中，更容易树立品牌的整体、统一的视觉效果，有利于在消费者心中建立可靠的形象，也方便消费者识别。掌握色彩的这一作用，可以在广告传播中锦上添花。

4. 满足情感诉求

人类对色彩是非常敏感的。每个人的个性和需求不同，对色彩的情感诉求也是不同的。此外，不同的民族、地区、文化等方面的差异，也塑造了不同地域人们对色彩的偏爱。例如，女性一般偏爱采用明度较高，清新淡雅的颜色；男性则多用深沉、庄重的低纯度色彩；儿童喜欢纯度、明度较高的颜色；中老年群体偏爱柔和、庄重的色彩，选对颜色能提高广告的宣传效果。同时，色彩与时尚也有着紧密联系，不同的人群对时尚的理解和定义是不同的，广告设计的颜色主题能有针对性地运用时尚流行色彩，也能有效传递商品信息，满足特定人群的情感诉求，快速吸引消费者目光。除此之外，还需要随时关注时代的发展、人们认知的变化、个性化的趋势等因素，对色彩认知产生的影响，在广告表现中要根据具体问题进行具体分析，使色彩的运用更科学、更合理，也更能表现广告创意主题。

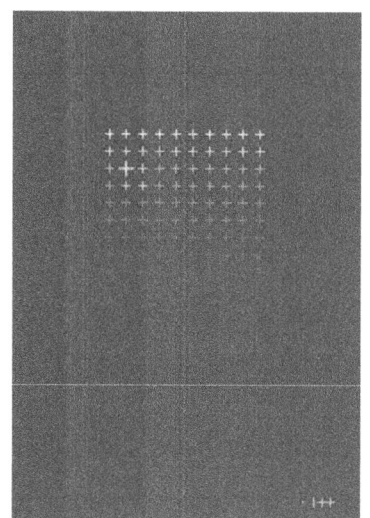

图片来源：指导 18 级学生设计作品

6.3.2 广告中色彩应用的原则

色彩美感是以色彩关系为基础，通过色彩构成法则产生色彩的总体美感，在广告中，色彩的运用应遵循以下原则。

1. 强调主色调

一幅广告作品能给消费者带来什么样的心理感受，取决于广告的整体色调。确定整体色调，是色彩设计的第一步，是决定设计成败的首要因素。广告画面中，色彩过于繁杂，会给人造成视觉上的混乱，达不到宣传的目的。

2. 强调视觉平衡感

平衡是指视觉上的一种平衡状态，配色的平衡指两种以上的色彩放在一起，其上下左右在视觉上有平稳安定的感觉。一般来说，色彩的明暗轻重和面积大小是影响视觉平衡的基本要素。例如，纯色、暖色比灰色调、冷色的面积要小一些，容易达到平衡；明度高的色彩在上，明度低的色彩在下，容易保持平衡。

3. 强调画面节奏感

画面的节奏感表现在色彩的重复、交替、渐变等结构变化中形成的空间性律动。如图所示，节奏感能使画面产生多种多样的韵律，在视觉上带来安静、活力、跳跃等效果，减少视觉疲劳，使人在心理上产生快感。

图片来源：指导 18 级学生设计作品

4. 强调画面主题

色彩设计有助于突出画面的视觉中心，加强主题的表现力。在广告画面中使用小面积的强烈醒目的"强调色"，可以形成视觉中心，刺激消费者视觉，引起消费者兴趣，产生生动和有趣味的色彩效果。

6.3.3 广告中的色彩搭配技巧

1. 运用好情感作用和象征作用

广告中，色彩的情感作用和象征作用是不同颜色给予人们的不同心理和视觉感受，这也是色彩的联想功能，是人们通过色彩联想得到的感受和回忆。不同色彩能引起人们的不同情感反应，可以根据情感和特定色相之间的关系对广告色彩配色进行组合搭配，这能在一定程度上协助广告画面唤起人们的情感心理。色彩的象征作用能在广告中与商品或服务的属性进行匹配、照应，使消费者能通过广告色彩联想到商品的特点、性能或天然属性。

运用好色彩的情感作用和象征作用，能使消费者对产品或服务产生初步的心理认知与联想。色彩搭配必须考虑到用途和目的，如不同的色彩配合能形成富丽华贵、热烈兴奋、欢乐喜悦、文静典雅、含蓄沉静、朴素大方等不同的基调；也可以有效契合商品产生食欲感、科技感、时尚感等。

需要注意的是，不同的色彩能代表人们的不同情绪，色彩的差异也能唤起人们的各种情感，这些都是色彩语言赋予的心理作用。因此，依据色彩语言规律进行色彩搭配，可以有效提升广告效果。

2. 运用好对比和强调

在广告画面中，色彩根据功能大致可以分为主色、配色、背景色、融合色、强调色5种类型，除了用好主色调，还可以通过利用色彩的色相、明度、纯度、面积等关系，使主色与其他辅色产生差异、形成对比；调和好颜色的对比效果，可以有效控制画面的稳定性和张力，强化广告画面的视觉冲击力，营造画面层次感。如图所示，强调效果是将主色集中到重点内容上，并通过淡化重点内容周围的一切颜色元素，运用强调效果可以在广告画面中建立视觉中心，突出重点，把消费者的注意力集中到要强调的部位上。运用好对比和强化效果，都是刺激消费者的注意力，与消费者建立良好视觉关系的方法。

需要注意的是，如果色彩对比运用不当，会产生低俗、杂乱无章的效果，在调色时，可以把色彩与黑、白、灰、棕等中性色混合在一起，通过中性色将对比颜色进行间隔处理，处理色彩面积、距离等要素可以达到协调效果。

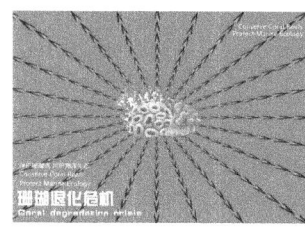 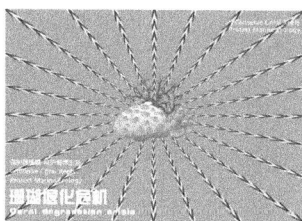 

图片来源：指导18级学生设计作品

3. 运用好邻近色彩调和

邻近色彩调和可以产生协调、统一的视觉效果，又含有色彩的微妙变化，给人一种赏心悦目的感觉，在广告中运用非常广泛。例如，绿色、黄色、黄绿色；绿色、蓝色、蓝绿色；橙色、红色、红橙色；橙色、黄色、黄橙色等。相互邻近的色彩作为设计的搭配用色，因色彩之间含有共同的色素，极易取得和谐、含蓄、统一的配色效果。许多优秀设计作品的配色，均产生于这种方法。这种方法的规律性较强，在视觉上也方便消费者识别。

需要注意的是，邻近色调和的运用也容易使画面产生缺乏对比的效果，注意色彩之间明度对比可以避免这个问题。

4.运用好色彩的节奏感和韵律感

广告可以通过色彩的表现力呈现出节奏感和韵律感。节奏感是条理性、重复性、连续性的艺术表现，色彩连续性设计可以通过邻近色、同种色的连续和渐变进行表现。韵律感由有起伏、渐变、交错的有变化、有组织的节奏而产生，色彩的渐变设计可以通过色相、明度和纯度的推移渐变进行表现，色彩的起伏和交错可以通过色块的打散、重构原理来完成。如图所示，掌握好色彩的节奏感和韵律感，可以使广告的色彩鲜活起来。

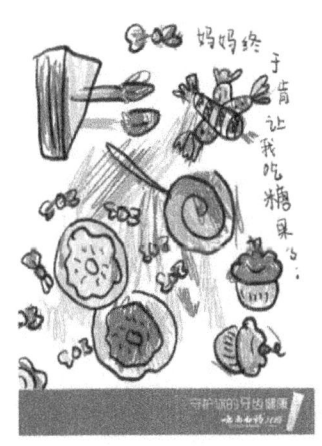
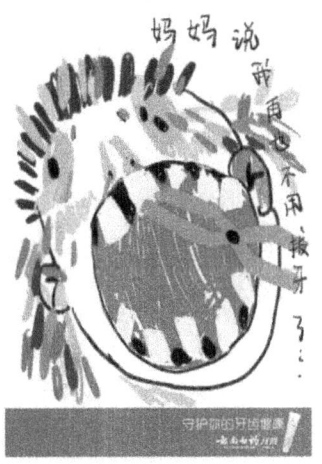

图片来源：指导18级学生设计作品

总的来说，要得到良好的设计配色，需要在色彩调和上下功夫，在具体的实践过程中还要结合实际的设计主题加以具体分析研究，合理运用。在广告中，无论使用什么方法进行色彩表现，都需要注意不仅要追求视觉生理上的色彩平衡，还要照顾特定环境、目的或审美对象对色彩的需求。

6.4 版式建立视觉沟通的秩序

一个好的版式设计能更快、更准地传递信息,帮助交流。在有限的广告版面中,将图像、文字和色彩等视觉元素按照一定规律、运用排版技巧进行巧妙的排列组合,可以使广告的版面趋于美观、易读,从而提高人们的阅读效率,增强视觉冲击力,既体现主题,又独具特色。

6.4.1 版式的构成元素与视觉秩序

1. 版式的构成元素

在构成设计中,点、线、面是设计的主要语言。在广告的版式设计中,无论内容与形式如何复杂,实际上也可以简化为点、线、面的关系。

(1)点是版式设计中最简洁的元素,点的表现力是通过大小、颜色、位置等显现出来的。在广告中,一个文字、一个图形、一个Logo等都可称为点。在广告版式中有多个点存在时,这些点的排列、重复和变化能起到丰富空间形态效果的作用,需要注意的是在多个点中通常会有某一个点非常突出,构成一个相对的视觉中心,其他的点都围绕它来共同表现同一个主题。

(2)线是决定版面现象的基本要素,具有很强的视觉引导性,在广告版式中,线的表现形式多种多样,整排文字也可以看成一条线。不同类型的线的运用,能使画面产生运动感、稳定感、秩序感、空间感。同时,线起着界定、分隔画面或串联各种视觉要素、稳定画面等作用。

(3)面是点密集到一定程度或线的移动轨迹产生的,面所占有的面积最大,因而在视觉上要比点和线来得强烈。在广告版式中,图像和段落文字是比较容易形成"面"的元素,而"留白"这种空间处理方式同样也可以看成一种特殊的面。面的大小、虚实、空间、位置等不同状态都会让人产生不同的视觉感受。

在设计中,点、线、面在广告版面中往往是相互穿插、相互支持、相互衬托的。如图所示,协调好版式中的点、线、面可以使版面协调、统一、简洁,避免呆板和杂乱无章。

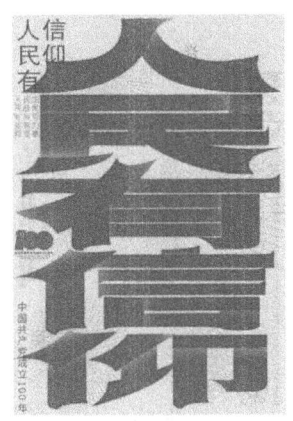

图片来源：指导 18 级学生设计作品

2. 利用版式设计建立视觉秩序

1）整体概念

版式设计的作用就是"指导"广告的图像、文字和色彩等视觉元素如何通过配合，有条理地"开口说话"，通过视觉提示消费者哪些是重要的信息，在哪里能获得重要的信息，要通过什么顺序来阅读信息，从而知晓广告表达的主题。要想达到整体布局这一目的，就需要对客户提供的素材信息进行解构，在版式中建立信息等级，明确主次关系，从素材信息中找到条理和重点，并对信息结构进行编排。例如，对图像、文字内容的主次关系进行归类，利用字号、字形、色彩对一级标题、二级标题、正文等文字内容进行分级；利用色彩区分画面主次、统一整体等。

2）简洁概念

设计中的简洁不等于简单，简单却胜于复杂，成功的设计必须尽可能充分而简洁地描述内容，让读者有回味的余地。在进行广告创意时，并不是要占满所有的空间才能充分传递信息，大量的内容堆积远不如只突出其最重要的内容。例如，可以把图像、文字及其他符号进行精炼，突出重要的广告元素，削弱次要的广告元素，省略装饰性元素，以彰显主题，更方便消费者记忆。用尽可能少的结构特征把复杂的元素和信息组织成有秩序的整体，是简洁的体现。

3）阅读概念

识别性强的版式构图能更有效地帮助消费者进行阅读，从而在短时间内传递商品信息。要通过版式设计帮助消费者轻松地理解和记忆广告信息，还需要注意人的阅读习惯。例如，人们的基本阅读习惯是从左往右看；从顶部开始，再沿着页面一直往下；见到大而颜色深的信息则认为是重要的，小而颜色浅的信息则认为是次重要的。

因此，版面内的各种元素要能引导人按顺序阅读，一定要注意阅读的视觉流程，避免复杂而无序的阅读。

概括来说，广告中版式的建立基本可以拆分成2个关键步骤：信息解构和视觉传达。

"信息解构"就是要分析内容，把内容的层次梳理出来。哪些是重要的，哪些是只需要简单提到的。厘清信息层次之后，需要用什么样的视觉力度，心里就有数了，这就相当于设计内容有了骨架。"视觉传达"的主要作用是服务于信息架构，相当于在信息架构的"骨架"上进一步丰富内涵、完善画面。

6.4.2　广告中版式的视觉流程

每一个版面都有视觉流程走向，也就是人的视觉在接收信息时的视觉流向，处理好版面中不同元素的主次关系、先后位置关系，可以引导消费者在阅读的过程中形成阅读节奏。

受到阅读习惯的影响，人们都有从左到右、从上到下的观察习惯。因此，当版面内容较多的时候，设计师应该根据人们的阅读习惯，按照一定的顺序对画面元素进行摆放，使人们更容易按照设计师的想法接收信息，设计师掌握了阅读节奏，才能更好地实现信息的传达。

需要注意的是，人的视觉流程也存在不稳定性，由于人的视觉运动具有很强的主动性和自由选择性，往往会先选择比较感兴趣的视觉要素而忽略其他要素，当某一视觉信息具有较强的视觉刺激度时，人的视线就会先移动到这个地方。因此，也需要设计师在设计中结合视觉规律，灵活构建画面。常用的视觉流程形式有以下几种。

（1）竖向视觉流程：引导视线做上下移动，构图稳定，给人以直观的感觉。

（2）横向视觉流程：引导视线做左右水平移动，给人稳定和平静的感觉。

（3）斜向视觉流程：引导视线往斜方向移动，以不稳定的动态吸引注意，比竖向、横向视觉流程视觉表现力更强。

（4）曲线视觉流程：视觉要素随着曲线进行变化运动，视觉流程更具节奏和韵律，表现形式没有竖向、横向、斜向视觉流程那么直接简明，要复杂微妙一些。

（5）反复视觉流程：将相同或者相似的视觉元素按照一定的规律进行组合排列并构成有序的视觉规律，使视觉流程沿着一定方向流动，引导人们反复浏览主题，起到强调作用并给人留下深刻印象。需要注意的是，使用反复视觉流程，需要掌握好节奏和韵律，避免呆板，在统一中寻求变化。

（6）重心视觉流程：视觉的重心就是版面中最吸引视线的点，通过视觉表现强烈的图形或者文字占据版面的重要位置，使人的视线优先移动到这个点。在设计过程中，画面轮廓的变化、视觉元素的聚散、色彩的明暗分布都可以影响视觉重心。

（7）导向视觉流程：通过视觉元素引导人的视线沿着一定方向，由主到次进行阅读，进行导向视觉流程设计时，要把构成画面的各个视觉元素按照主次关系顺序串连成一个整体，并能条理清晰、突出重点、掌握阅读节奏，实现信息的传达。常用的导向视觉流程有文字导向、视线导向、手势导向、形象导向等。

（8）散点视觉流程：一种较为随意的版式编排形式，版面中各个视觉元素以自由、分散的状态进行编排，没有明显的视觉方向性，强调感性、自由性、空间感，更注重画面的生动、有趣。

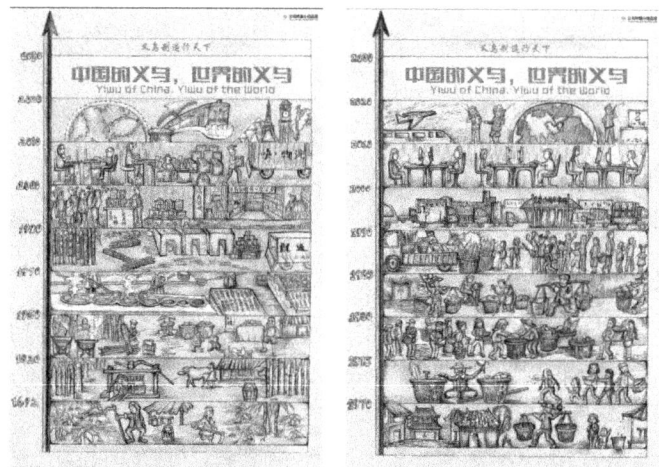

图片来源：指导18级学生设计作品

6.4.3 广告中版式构图的表现形式

1. 对称与不对称

对称就是把图形、文字等设计要素分布在构图的中心位置进行对称构图，如上下对称和左右对称等。对称构图中设计要素的分布具有规律性，表现理性。在面积上，两部分也要具有一致性，才能形成一种平衡稳定的感觉。

相对于对称设计，不对称设计就没有规律，其图形、文字等设计要素在进行构图时比较自由，画面容易体现出动感和活泼感，但是看似不对称的构图中有时也存在条理和韵律，是设计师深思熟虑后进行的版式编排，具有美感。

2. 满版与留白

满版的构图就是用图形、文字充满整个版面，使画面饱满、厚实，具有强烈的视觉冲击力，在进行满版设计时，画面常常作为主角，能传递的情感也更加丰沛。同时，使用视觉元素时，应该注意统一、协调、突出重点，避免过于紧凑、凌乱。

留白就是在版式设计中，使用更少的元素，适当地留出空白，以呈现更开阔的空间意境。设计中的留白区域就是无额外元素、无装饰、处于空白状态的"未使用的区域",可以给予版面呼吸的空间,也能衬托出设计的中心主体,使版式更具平衡感。留白也是一种空间关系,留白的运用可以使整个构图更显轻松。

3. 虚与实

将摄影中的景深效果运用到版式设计中,将次要的辅助图形虚化,能够更好地烘托主体部分。

4. 点与线

在"点"的构图表现形式运用中,常见的形式包括点状构图和压住四角构图。点状构图适用于标题文字比较多的版式设计,在排布文字时,可以将文字的字距拉开,对齐分布在画面中,使文字成为画面中的点元素。需要注意的是,要根据阅读顺序处理好文字的横向距离和纵向距离。压住四角构图适用于标题文字比较少的版式设计,将标题文字作为绝对重要的元素放置在四角位置,使消费者一眼就能看到。需要注意的是要做好压住四角的版式设计需要设计好网格构架,要控制好版面中网格的比例。

在"线"的构图表现形式运用中,常见的形式包括斜线构图和曲线构图。斜线构图又称倾斜构图,将文字或主要元素以倾斜的方式放置在版面中。倾斜的角度能产生势能,给人以引导作用,能优化视觉层级,清晰地传递信息。曲线构图是在版面中将重要元素呈曲线排布,用其他元素填充剩余空间。曲线具有灵活的属性,因此曲线构图常常显得充实、热闹。

5. 中心与三角

中心构图是将画面的主要元素放置在版面的中轴线上,目的是占据视觉焦点,快速吸引受众的注意力。中心构图的版式以简洁、利落为主,给人雅致的视觉感受。

三角构图是把主题元素以三角形的形态放置在画面中。三角形具有稳定性,因此构成的画面也比较稳定、大气。

第 7 章 广告媒体

广告信息依托广告媒体进行有效传播,广告媒体能利用自身的条件优势把广告信息传递给消费者。不同广告媒体的市场定位不同,对不同的消费者群体产生不一样的影响。正确对广告媒体进行选择与组合,才能让广告信息在媒体的作用下更好地发挥效力,正确选择媒体是引发消费者关注广告商品、产生消费欲望的重要因素之一。

7.1 广告媒体概述

7.1.1 广告媒体的概念

"媒体"又称"媒介",属于典型的外来语,媒体为 Media 意译,媒介为 Media 的音译,在应用中,两个词基本通用不加区分。其意为"中间的""手段""工具"等。

广告活动的实质是信息的传播,而信息的传播需要通过媒体来实现,可以说,广告信息是借助媒体进行传播的。广告媒体就是运载、传递广告信息的载体。凡是能刊载、播映广告信息,能够起到传播广告信息作用的物质和工具都可以称为广告媒体。

7.1.2 广告媒体的作用

广告信息无法脱离媒体单独存在,选择适合的广告媒体能帮助广告更好地发挥功效。广告媒体的作用也可以表现为以下几方面。

（1）广告媒体的选择是广告活动能否成功的关键因素之一。广告媒体策略是现代广告的主要策略之一，它与定位分析策略、创意策略、文案策略一起，构成了广告活动的主体。

（2）广告媒体的选用、组合、媒体传播时机等因素会直接影响广告目标的实现。

（3）广告媒体决定广告是否能够有的放矢。媒体选择不当，会使广告信息不能准确无误地传递给目标消费者，或无法覆盖目标人群。

（4）广告媒体决定广告内容的表现形式。在不同的广告媒体上，广告的表现方式是不一样的，可以根据媒体特点设计广告表现方式，从而更好地依托媒体提升信息传播功效。

（5）广告媒体决定广告效果。这里主要是指不同的广告媒体运营商也决定了广告效果的大小。

7.1.3 广告媒体的分类

广告媒体种类众多，覆盖的范围很广，且随着人类社会发展和科技进步而发展变化，从古代的"吆喝"叫卖广告到现代的各种形式的网络广告，广告媒体的表现形式日新月异，种类层出不穷。目前，广告媒体可以分为以下几种类型。

（1）根据广告载体的不同类型，广告可分为纸质广告、户外广告、广播电视广告、网络广告、移动媒体广告等。

（2）按媒体表现形式分类，可分为印刷媒体、电子媒体、实物媒体、网络媒体。

印刷媒体：以印刷工艺实施的媒介，如报纸、杂志、传单、海报招贴等。

电子媒体：电视、广播、电子显示屏等。

实物媒体：产品样品、模型、产品象征物等。

网络媒体：主要依托互联网进行传播，是随着互联网的兴起逐渐形成的新的媒体类型。

（3）按媒体功能分类，媒体可分为视觉媒体、听觉媒体、视听媒体、互动媒体。

视觉媒体：通过视觉传递信息的媒体都属于视觉媒体，如报纸、杂志等印刷媒体。

听觉媒体：通过听觉刺激而感知广告内容的媒体，如广播、扬声器、口头叫卖等。

视听媒体：通过声、光效果传递信息的媒体，能同时对视觉和听觉产生刺激，如电视、电影等。

互动媒体：具有人机交互功能的媒体，随着现代通信技术的发展，互动媒体也逐渐发展为以多种感官全方位进行信息交互的一种崭新的媒体形式。

（4）按媒体影响范围分类，广告媒体可分为国际性广告媒体、全国性广告媒体、地方性广告媒体。

（5）按接受类型（所接触的读者）分类，可分为大众化媒体、专业性媒体。

大众化媒体的内容定位比较宽泛和综合，能兼顾不同的人群，以一般公众为主要受众群体。

专业性媒体主要是面向特定行业人群提供相对垂直内容的行业性媒体。

广告媒体的分类比较复杂，了解广告媒体的分类，有助于在选择广告媒体时，准确把握媒体特点；也有助于根据广告商品或服务的特点选出最佳的广告媒体。

7.2 广告媒体种类

7.2.1 纸质广告

纸质广告根据表现形式划分属于印刷媒体，是传统的大众传播媒体，常见的纸质广告包括报纸广告、杂志广告、招贴广告等。

1. 报纸广告

报纸广告是指刊登在报纸上，利用报纸为媒介传递信息的广告。报纸具有传播覆盖面广、发行量大、传播快速、价格低廉、购买方便、可以反复阅读等优点，在很长的一段时间内，报纸都是快速传播信息的重要手段，报纸

广告也具备报纸的大多数优点。

报刊作为一种大众媒体，其内容也有大众化和专业化的区别，报纸广告可以根据报刊的读者群体的不同进行有针对性的投放。根据广告形式的不同，报纸广告也分为软文和硬广。

软广就是由企业的市场策划人员或广告公司的文案人员撰写的"文字广告"，把广告内容含蓄地通过文章或新闻的形式表达出来，从表面难以看出这是广告，但是却可以潜移默化地感染读者，让读者下意识地接受广告。

硬广就是通过图像、文字、色彩等设计要素直接将广告展示出来。根据在报刊的不同位置，报纸的硬广也分为通栏广告、半版广告、整版广告、跨版广告等。不同内容的广告也会巧妙选择不同的报纸版面来提高广告的传播效果。

1）报纸广告的特征

（1）覆盖面广，读者众多。报纸的内容丰富、种类多、覆盖面广、内容形式多样，能满足各阶层人群的不同的阅读需求，读者范围非常广泛。

（2）可以相互传阅，反复阅读。报纸无须装订，可以拆散传阅、交换传阅，并且具有可重复观看的优势。

（3）发行量大，传播速度快，具有连续性。报纸一般当日发行，每天不间断，具有很强的连续性，且内容时效性强、发行量大、销售速度非常快也使传播速度得到加快。

（4）经济性强，购买方便。报纸对印刷的要求较低，这使得印刷成本低，也使得零售价格便宜。相对而言，报纸的广告费用也比较低廉。

2）局限性

（1）大部分报纸读者阶层范围广泛，缺少针对性。

（2）广告内容时效性受报纸时效性影响，比较短。

（3）受到纸张和色彩的限制，视觉表现欠佳。

随着新媒体的发展，越来越多的报纸也开始发行电子版内容，以适应时代的发展，而报纸广告也随着报纸的数字化发展进行了转变。

2. 杂志广告

杂志广告是以杂志为媒介传递信息的广告。杂志可分为专业性杂志、行业性杂志、消费者杂志等，具有很强的针对性，杂志的读者层次和类别比较明确，对所订阅的杂志认同感较强，有利于广告有的放矢，并能长时间地发挥作用，开展深入宣传。

1）杂志广告的特征

（1）印刷精致，杂志的纸张和印刷质感很讲究，精美的印刷品质使杂志能够更好地表现内容。

（2）杂志广告可承载的信息较多，可以运用一些特殊表现形式来表现广告，造成画面的震撼效果，对象明确。

（3）杂志的读者相对固定，有利于广告明确传播对象。

（4）杂志具有较强的保存性，可以相互传阅、反复阅读，能延续广告的传播效果。

2）局限性

（1）杂志一般分为月刊、旬刊、半月刊等，发行周期长，时效性差。

（2）杂志的读者相对固定，这既是优势也是劣势，市场覆盖率相对来说会降低。

（3）一些特殊的表现形式会提高广告成本。

3. 招贴广告

招贴广告是一种很有效的广告传播形式，其表现手法灵活、表现形式多元化，且具有较强的视觉冲击力，能在短时间内实现远距离传递信息。招贴广告对环境具有很强的适应能力，一般选择张贴在人流涌动的公共场合，主要以过往的行人为目标对象，它的时效性强，画幅要比报纸广告、杂志广告等广告大，在远处就能引起人们的注意，具有画面较大、艺术表现力丰富、能有效传播信息等特点。

1）招贴广告的特征

（1）画面大，艺术表现力强。招贴广告的画幅大小可以根据空间大小进行调整。且其印刷精美，具有强烈的视觉艺术表达效果。

（2）制作简单，成本低。得益于印刷技术的发展，招贴的制作印刷非常便捷，制作成本也比较低。

（3）有效传播信息。招贴可以通过连续张贴的方式加强传播效果，能有效提升受众对信息的印象。

2）局限性

（1）在公共场合，张贴场所受管理限制，不能随意张贴。

（2）大部分张贴环境恶劣，容易受到周围环境与各种因素的干扰，需要精炼的画面表现来突出自己。

4. DM广告（直接邮寄广告）

DM广告，直译为"直接邮寄广告"，是一种通过邮寄、直投等方式向目标客户发布的广告。有册子、杂志、传单、折页、信函、优惠券等多种多样的载体形式，一般通过邮寄、柜台发放、专人送达、来信来电索取、订阅、随商品附赠等方式，将广告宣传品送到消费者手中。

优质的DM广告具有很强的选择性和针对性，可以直接将广告信息传递给对广告内容有需求的消费者，因为大多数接收DM广告的消费者，是对DM广告中的内容感兴趣、想主动了解广告内容的人。优质的DM广告还具有较强的新颖性和表现性，因此，DM广告的效果在一定程度上也会优于其他广告。

1）DM广告的特征

（1）信息传递有的放矢，能有针对性地选择目标对象。

（2）对象明确，重视向特定人群投放、传播。

（3）广告自主性强，灵活性大。发行的形式、内容、篇幅都容易掌控。

（4）信息反馈快速，有利于买卖双方及时有效沟通，广告费用相较于其他传播媒体要低一些。

2）局限性

（1）广告竞争激烈，容易滥寄滥投，引起消费者反感。

（2）投递到达率比较低，因滥寄滥投情况存在，很多DM广告被认为是垃圾广告而被消费者丢弃，并没有被接收查看。

7.2.2 户外广告

户外广告是基于广告或宣传目的而在最佳的地理位置设置的传播平台。户外广告作为应用最为广泛的广告媒介之一，其种类较多，如大型外立面广告（包含墙面广告、三面翻广告装置、电子屏等）、灯箱广告、立柱广告牌、霓虹灯广告、候车亭广告、交通工具广告、橱窗广告，以及各种新型户外广告媒体等。

户外广告作为城市经济发展的必然产物，随着城市的发展而发展，已经成为城市形象的一部分，优秀的户外广告可以优化城市视觉形象、展现城市个性魅力、改善城市生活环境及增强其服务和审美功能。因此，未来户外广告的发展将会更加注重艺术与新技术的融合，更加注重文化与创新。

1. *户外广告的表现方法*

1）环境和载体

户外广告的"户外"特性，表明了户外广告会被放置在各种不同的复杂环境中。这个"复杂环境"不仅包括广告的周围环境，也包括广告的载体样式，在设计时可以充分考虑户外广告所处的环境和载体情况，设法通过整体处理对环境和载体加以利用，以便提升户外广告与城市环境的协调性，也可以使户外广告内容更新颖、更有趣味性。

2）简洁准确

户外广告是一种"三秒钟"广告，其传播特性使得它需要在很短的时间内吸引消费者的注意，让消费者了解广告信息。因此，在设计户外广告时，图像、文字、色彩、版式等要素一定要简洁、单纯、明了，保证广告内容易于识别、传播，能将广告内容准确传递给消费者。

3）创新互动

科技的发展与创新带来了新材料和新技术，也为户外广告的创新发展奠定了基础。新材料可以满足广告的视觉创新要求；新技术可以提升广告信息传达的效率，改进与消费者的沟通方式。

近年来，户外广告也在快速向数字化方向发展，并给户外广告带来更多的创意，也可以使户外广告通过互联网络、移动设备终端形成可以互动的传播方式，实现广告内容的再次传播，扩大广告对消费者的影响。

越来越多的新材料、新技术融入户外广告，丰富了广告的艺术语言和传播方式，广告与消费者可以通过各种互动形式开展交流沟通，提升了广告的体验性、趣味性。

广告创意与创新思维

2. 户外广告的特征

（1）安置合理的户外广告覆盖面广。

（2）在广告牌相应区域内，消费者可以频繁接触广告。

（3）容易吸引消费者的注意力，信息简单，容易被认知和记忆。

（4）优秀的户外广告能起到美化城市环境的作用，能与城市环境和谐融合。

3. 局限性

（1）传播范围有限，只能在广告牌相应区域内产生作用，广告质量也容易受到在一定区域内的广告投放数量的影响。

（2）受人群移动速度的影响，不易为消费者提供仔细浏览的机会，传递的信息有限。

（3）太复杂太长的广告内容会影响广告质量。

（4）户外广告在户外风吹日晒，画面容易老化、破损，或者因故障出现问题，这些都会影响品牌形象。

（5）消费者容易忽视其存在。

7.2.3 广播影视类广告

此类广告媒体主要以广播、电视、电影等平台作为媒体载体，广播、电视、电影等媒体长期以来都有非常大的受众群体，至今仍然占据着相当大的比重。在我国，电视媒体上的广告投放主要集中在央视和省级卫视等平台，随着互联网络的普及，网络电视平台也成为吸纳各类广告的主要力量之一。

1. 广播影视类广告特征

（1）广告形式灵活多样，视听环境良好，传播效率比较高，广告覆盖率非常高。

（2）渗透性强，有时候能在不知不觉中影响或带动受众的消费行为。

（3）一些广告类型的制作效果可能带来真实展示，如影视、综艺作品中常见的植入式广告，能使广告内容更有说服力，能有效带动消费行为。

（4）数字电视技术的发展，以及互联网络的普及，使广播、电视、电影也具备了互联网属性，提升了广播影视平台的发展水平，增强了广播影视媒体的功能和覆盖面。

2. 局限性

（1）相对其他媒体而言，此类广告制作费用、投放费用都非常高，不同的平台、播放时间段、节目内容，对广告的费用都有影响。

（2）广告制作的时间成本、人力成本越来越高，从概念到播放需要比较长的时间。

（3）与其他媒体相比，对广告内容的限制规定更严格。

（4）广告信息的传递存在随机性，受时间、地点、频道等因素的影响，观众换频道或离开，就很可能错过，因此传播效率比较低。

7.2.4　网络广告

网络广告是基于计算机、网络通信、数字媒体等技术，以互联网络作为载体，向目标群体进行投放的广告形式。简单地说，网络广告就是在互联网上做的广告。网络广告的形式多种多样，常见的网络广告形式包括：以图片、文字、视频为基础的按钮广告、悬停按钮广告、浮动广告及文本链接，弹窗广告，互动广告，搜索广告，电子邮件（E-mail）广告，以及各种植入式广告等。

网络广告可以通过一些用户隐私数据、大数据等实现广告的精准传达。例如，用户在上网时，浏览器或一些软件的弹窗类推送广告会经常推荐用户心仪的商品广告，这些其实都是大数据的功劳。当用户使用网站的搜索功能搜索了某些商品或关键词后，很快就能在上网时经常看到与搜索的商品或关键词相关的广告推送。同样，当用户使用购物网站搜索过某些商品，这些商品的相关推送也会在该网站出现。

1. 网络广告的特征

（1）传播广泛，相较于传统媒体广告，网络广告不受时间和地点影响，能在互联网上不间断传播。

（2）具有可控性，可实时更新，能根据营销策略或需求及时调整更新广告内容。

（3）具有针对性，可以通过大数据为目标消费群体提供感兴趣的广告内容，实现广告的精准投放。

（4）具有双向性，广告主可以利用互联网向目标消费群体投放广告，消费者也可以根据需求订阅感兴趣的广告，如邮件订阅、各种促销信息的推送等。

（5）具有交互性，互联网上的网络广告铺天盖地，具有交互性的网络广告在传播过程中，能让广告主更方便地与目标消费群体进行互动与沟通，及时获得有价值的反馈，更容易获得目标消费群体的好感，消费者的主动性得到增强，也能提高自主地位。

（6）具有精准性，对用户而言，使用技术手段，可以投其所好，推送用户感兴趣的广告内容。

（7）具有可测性，对广告主而言，使用技术手段，能准确地对广告点击次数、观看时间、IP地址等各种数据进行统计，帮助广告主建立数据库，方便对广告进行改进、对广告效果进行评估、对用户及市场进行精准分析。

（8）具有重复性和可检索性，优秀的广告能吸引用户通过主动检索进行重复观看，经典的广告可以在互联网上长期存在，并被人们转发传播。

2. 局限性

（1）网络广告的发展很大程度上受制于互联网、IT技术的发展，对计算机硬件条件有依赖。

（2）一些技术手段将用户信息归类，为用户"画像"。虽然能给用户精准推送广告，但有利也有弊，这往往也会给用户带来隐私和安全方面的问题，容易引起用户反感。

7.2.5　移动媒体广告

移动媒体广告是指通过手机、平板电脑等移动设备访问应用程序或网页时显示的广告，广告形式包括图片、文字、视频、链接、插播广告、HTML5技术等。

随着我国智能手机的普及和移动通信技术的发展，以智能手机为代表的移动设备早已经成为人们生活中不可缺少的工具，用户使用频率非常高，特别是智能手机普及之后，很多并没使用过（或很少使用）电脑上网的用户能通过智能手机上网冲浪，我国的上网用户数量也伴随智能手机的普及成倍增长。这也给移动媒体广告的推广带来了新的机遇，移动媒体广告也成为广告传播的重要形式之一。广告从通过短信发送文字广告和彩信发送图文广告的形式进行推广，到目前手机应用软件中种类丰富的广告平台资源和推广手段。

移动媒体广告同样通过互联网，向目标群体投放和运作广告，是网络广告的进一步发展和延续，通过智能手机、平板电脑等带有网络功能的移动设备进行传播，能随时随地传播广告，设备的随身携带性，以及移动设备对用户的影响力，使移动媒体广告的传播力要比其他媒体都强。

移动媒体广告可以依托设备终端的硬件功能、各类应用软件平台服务功能，通过多种方式进行传播推广，用心制作的广告内容能根据用户的实际情况，以用户易于接受的方式，适度推广，从而使广告达到最佳效果。

1. 移动媒体广告的特征

（1）即时性，得益于设备能随身携带，特别是智能手机，使移动媒体广告能随时随地发布、传播广告信息，传播更广泛，影响力更大，对用户的影响力几乎是全天候的。

（2）扩散性，移动媒体广告能更加方便地进行转发传播，用户可以将自认为有用的广告信息，通过社交软件进行转发推广，直接向关系人群扩散传播广告。

（3）扩展性，移动媒体广告还是传统媒体广告在创意或推广方面的理想补充，传统广告可以利用扫描二维码等方式加入移动互动创意，利用移动设备的功能实现互动创意，在移动端形成二次传播，扩展性能赋予传统广告更多的创意和互动，使移动媒体广告对传统广告形成很有价值的补充。

（4）个性化，移动媒体广告的形式不再局限于传统的图、文、视频等类型，想要获得消费者关注广告信息，必须采用个性化方式打造适合的广告形式。

（5）互动性，移动设备基本具备强大的硬件功能，为移动媒体广告的设计提供了丰富的表现形式，打造互动广告，能让消费者通过不同的方式体验广告。

2. 局限性

大多数广告质量不高，推送频繁，甚至没考虑到用户的体验感受，导致用户对手机广告普遍比较反感。

7.3 广告媒体的选择与组合

广告媒体的选择与组合是广告策划的重要流程，主要解决如何选择合适的媒体，如何对不同媒体类型的组合效果进行平衡等问题，使广告发布后能获得事半功倍的效果。

选择媒体传递广告信息主要有2种方式：一是选用单一广告媒体，根据需求选择合适的某一种媒体来传递广告信息，单一的传播方式传播效率有限，一般是临时性的、短期需要时运用，受广告经费影响，一般情况下较少采用。二是组合运用广告媒体，有目的、有计划地将不同的媒体进行组合，能够充分发挥各个媒体的传播优势，将广告信息传播给更多的目标消费者，以提高广告的覆盖面和传播效率，获得最佳的广告效果。

7.3.1 广告媒体的选择

选择适合的广告媒体，需要考虑广告内容特性、目标消费者、媒体效率、竞争对手情况等诸多因素，主要目的是思考媒体是否能为广告创意提供最佳的展示平台，使媒体能更好地服务于广告策略，服务于广告的整体效果，对目标消费者产生最佳说服效果，以达到预期的广告目的和效果。

1. 影响广告媒体选择的因素

1）广告内容特性

广告内容就是广告宣传的商品、服务等，不同的广告内容的特性决定了广告适用媒体的类型。例如，如果需要图文并茂地进行翔实介绍的广告内容，可以选择报纸杂志、移动媒体等广告媒体，以便目标消费者能反复观看、详细阅读、理性认知。如果需要通过用途、效果或者过程等角度直观展示广告效果，可以首选视频媒体。

2）目标消费者因素

广告传播需要针对具体的目标对象，而目标消费群体的年龄、性别、性格、职业、文化背景等特征也决定了其对媒体接触各有不同，选择合适的媒体，有利于目标消费者充分获取所需要的广告内容信息。例如，很多年轻消费群体往往集中在微博、各种视频网站，利用渠道中十分活跃又有大群粉丝的"公众人物"通过视频植入等方式传播广告，能很好地吸引这些目标消费群体。具有一定权威性的电视台或报纸杂志，会得到大量白领阶层、中老年群体、普通家庭消费者的青睐，这些媒体的广告效果也会非常不错。

3）媒体效率因素

媒体效率也是影响媒体选择的重要因素，广告营销、策划、创意的最终表现，需要借助媒体才能加以展现并获得回报，只有媒体效率较高的媒体才能帮助广告发挥最佳效果。

4）竞争对手因素

市场竞争非常激烈，在不同的媒体上会面临不同品牌的竞争对手的挑战，通过对竞争对手的媒体策略进行分析，并结合自身情况对竞争对手选择的媒体采取有效的应对措施。例如，在同一媒体平台加大广告投放力度、避免冲突，选择新媒体或放弃局部媒体集中投放主要媒体等，这些因素都能影响广告主对广告媒体的选择。

2. 广告媒体评价指标

广告媒体刊播广告后会产生市场反馈效果，在对一个具体的广告媒体进行评价时，经常用到的评价指标有以下几项。

（1）媒体覆盖率，是评估某一媒体、某一广告活动在特定时期内传达到特定目标群体的程度比例的指标。

（2）到达率，是广告的目标受众在特定时期暴露于某一媒体的特定广告信息的数量与该广告目标受众总体数量的比例（无论一位受众暴露于广告信息几次，到达率都只能算一次）。

（3）暴露频次，是指受众在特定时期暴露于某一媒体的特定广告信息的平均次数。

（4）有效到达率和有效暴露频次，在某一个特定广告到达率、暴露频次范围内，有多少媒体受众知道该广告信息并了解广告内容。即有效传播广告所必需的接触频次的数量或重复次数。

（5）毛评点，又称毛感点、总视听率，指广告通过有关媒体传播所获得的总效果。作用是可以明确表示每则广告的效果，又可以将不同广告的效果及同一广告的不同推出效果相加，测量出广告活动的总效果。

（6）广告千人成本，指一则广告信息达到1000个受众（人或户）平均所付出的费用成本。

7.3.2 广告媒体的组合

广告宣传活动是一个复杂的运作过程，仅靠单一的广告媒体很难达到预期效果，而运用多种媒体推出广告，不是简简单单将选用的媒体累加在一起，要善于筹划，深入细致地分析媒体组合构成的效果，并对其进行优化，使组合的媒体能够发挥整体效应，使传播效果最大化。这就需要运用广告媒体组合策略来平衡不同媒体类型之间的媒体组合，以达到最佳广告效果。

1. 广告媒体组合策略的类型

在选择具体的媒体时，可以采用2种媒体组合方式：集中式媒体组合和分散式媒体组合。

1）集中式媒体组合

集中式媒体组合是指将全部媒体发布费集中投入一种媒体，这种做法可以使广告主对特定的受众产生巨大影响。高度集中的媒体组合可以使品牌获得大众的接受，尤其是得到那些接触媒体有限的受众的接受。

集中式媒体组合优点：

（1）可以让广告主在某一种媒体中占有很大优势。

（2）可以提高品牌的熟知度，尤其可以使接触媒体种类较少的目标受众更加熟悉品牌。

（3）只在非常显眼的媒体，如在黄金时段的电视节目或一流杂志等媒体上发布广告，激发消费者对品牌的忠诚度。

（4）对于采用高度集中式媒体亮相的品牌，分销商和零售商可能会在库存或店内陈列方面给予照顾。

2）分散式媒体组合

分散式媒体组合是指利用多种媒体到达目标受众。分散式媒体组合有助于广告主与多个细分市场进行沟通。借助不同媒体的组合，广告主可以在不同的媒体中针对不同的目标受众发布不同的信息。

分散式媒体组合优点：

（1）可以向不同的目标受众传达品牌的信息，广告主可以针对每个目标在产品类别或品牌方面的特殊兴趣，专门制定信息。

（2）不同媒体中的不同信息达到同一个目标，可以巩固这个目标的认知效果。

（3）相对于集中式投放而言，分散式媒体投放可以提高信息的有效到达率。

（4）分散式媒体组合更有可能达到那些接触不同媒体的受众。

在运用多种媒体组合推出广告时，一定要善于筹划，深入细致地分析、优化媒体组合的效果，使媒体组合能发挥整体效应，达到传播效果最大化。

2. 采用媒体组合策略的好处

（1）可以使信息触及单个媒体接触不到的受众。

（2）在使用首选媒体达到最高接触度的时候，可以通过使用较为便宜的第二媒体来重复已经发布过的信息，巩固首选媒体的效应。

（3）可以利用不同媒体的特殊效应加强广告作品的传播效果。

（4）不同媒体之间可以相互协作、配合。同时使用也能够产生组合效应。

3. 媒体组合需要注意的问题

1）要能覆盖所有的目标消费者

把确定的具体媒体排列在一起，将其覆盖域相加，看是否把大多数甚至绝大多数的目标消费者纳入广告可以影响的范围内，即媒体能否有效触及广告的目标对象。还可用另一指标来衡量，将具体媒体的针对性累加，看广告的目标消费者是否都能接收到广告信息。如果这两种形式的累加组合，还不能够保证所有的目标消费者接收到有关的广告信息，就说明媒体组合中还存在着问题，需要重新调整。但是也要注意媒体覆盖的范围不能大于目标市场的消费者，以免造成资源浪费。

2）注意选取媒体影响力的集中点

媒体的影响力主要体现在 2 个方面：一是量的方面，指的是媒体覆盖面的广度，即广告被接触的人数越多，影响力越大。二是质的方面，指的是针对目标消费者进行说服的程度，即媒体在说服力方面的效果。

组合后的媒体，其影响力会有重合。重合的地方，应是企业的重点目标消费者，这样才能增加广告效益。如果媒体影响力重合在非重点目标消费者上，甚至是非目标对象上，就会造成广告经费的浪费。因此，要以增加对重点目标消费者的影响力为着眼点，确定媒体购买的投入方向，避免资源浪费。

3）与企业整体信息交流的联系

运用媒体组合策略，还要树立系统观念。媒体组合是为实现广告目标服务的。企业要实现营销目标，也要运用营销策略，进行多种营销策略的组合。媒体组合要与营销策略组合保持一致性，特别是在现代营销战略的指导下，要符合整合营销传播的要求，还要注意与企业公共关系战略相互配合，善于运用各种媒体，发挥整体效用。

总之，广告媒体的选择与组合是广告策划活动的重要一环，直接关系着整个广告策划活动的效果，对于广告媒体的选择应该引起重视。

第 8 章
广告的修辞与传达

8.1 视觉符号的方法

视觉符号具有一定的传播功能,有助于视觉语言的理解,是信息资源共享的实现,最终目的是传达沟通。视觉符号通过信息的感知接收—接受—转化—传播,特别是跨文化、跨领域的传播显得尤为重要。不同意义的视觉符号,使视觉文化传播成为信息传播的重要渠道。

8.1.1 视觉语言

在我们感知信息接收中,视觉的感官是最直接、最重要的环节,人类获取到的外界信息有85%来自视觉,能将看到的信息迅速输入人脑,并快速记录、储存、记忆。读图时代的今天,以形象和影像为中心的视觉文化传播已成为传播中最重要的渠道。以视觉方式传播的图形与图像已成为我们日常生活中最重要的载体。因此,视觉语言成为广告媒介中最基础的表达形式。平面广告、户外广告、电视广告、网络广告等,都离不开视觉表现,了解和掌握广告的视觉表达方法是创意人必备要素之一。

从古至今,图形语言和文字语言是两大重要信息传播手段。与文字语言相比,视觉语言有一套独立的符号系统。视觉语言的构成要素包括图形图案、线条线框、文字字体、颜色色块、形状面积、空间质感,能直观地、形象地、生动地、情感化地表达。

随着互联网的发展，人们接收信息的方式也增加了。如何在浩如烟海的广告业中突显出来，必然要具备有力的视觉表现力，以刺激和加强记忆让受众在最短的时间内感知和接收到，掌握视觉元素的表达规律，根据需要控制各元素之间的关系，转化形成传情达意的图像，重点在于掌握视觉语言、视觉语法，掌握视觉语法的关系，统一变化、对比均衡、节奏韵律等，视觉是传达中最有力的信息符号系统。

在各种传播形式中，视觉语言可以让受众迅速接收信息。首先，在视觉的表达上应该结合商品特性，找到符合受众审美和创意概念的视觉风格，注重整体性；其次，尽量避免含糊的和过于复杂的视觉形态，以达到简洁和直接的传播效果；再次，应该注重差异，无论是创意概念还是视觉表现都必须强化与竞争对手的差异性，使其成为消费者愿意购买的理由；最后，在大多数情况下，要尽量以一种幽默的、诙谐的、戏剧性的方式把创意概念传达给消费者。

8.1.2 符号修辞手法

掌握语法规范，可以用流畅合理的语言来表达我们想要表达的内容。但如果加上语言修辞，我们的语言会更加具有表现力、感染力，会让受众更快速地捕获广告所传达的语言信息，甚至印象深刻而有驱动力。

在广告的视觉非语言符号修辞中，常用的有比喻、反复、夸张、引用、对比、双关、比拟、排比等，往往在一个广告作品中，会综合用到几种修辞手法。

比喻，是最基础也是最常用的修辞手法。视觉中的比喻要把表达的内容作为本体，通过相关联的喻体去表现内容的本质特征，喻体与本体之间常常用形态上的相似点，通过同构的方式让两者合二为一。

反复，是通过强调同一词语或句子，强化语意的修辞手法。广告文案中使用反复修辞手法，强化最重要的广告信息，加深受众的记忆。在视觉语言中，反复修辞也是常用的，它与语言符号有区别。广告视觉符号的反复修辞是将对象图形、色彩、结构在画面中重复排列，除了起到强调的基本作用外，还起到创造形式美感，或者构成特有的形状或数目以表达连续性意义的功能。例如，雀巢咖啡的广告中，放置11个相同咖啡杯符号，以杯中勺子按顺时针方向依次对应钟表上的时间点，强调雀巢咖啡在生活中"每时每刻"都陪伴着您。

夸张，是强调突出事物特性的修辞方法。广告文案的夸张修辞，常常借助想象把广告商品的某一特点进行夸张，突出强调特性、特点、功能，使受众对该特性产生更深刻印象。与此同时，夸张修辞中的符号，往往违背日常生活中遇到的现象，能增强画面的新奇感，吸引受众对不同寻常的画面的阅读兴趣。

引用，广告文案使用的引用修辞通过援引、借用成语典故、诗文名句、格言俗语、名人名言等现成的语言文字，凭借它们的生动性和普及性来达到使受众迅速接受的目的。广告中视觉符号的引用是通过直接借用现成的艺术作品、图形、图案、画面等，将受众对其的熟悉度嫁接到广告和商品上的修辞方法。被引用对象在广告中的符号意义可能与原本意义截然不同。一般而言，广告对引用对象原本意义的转换是基于引用对象与广告商品的某种附会的联系，这种联系并非必然的、客观的，而是广告符号编码者主观想象的产物。

对比，是广告常用的修辞之一，将两个或者两个以上的事物进行对照比较，突出其中某一事物的某一特质。广告中的对比通常包括不同商品之间、同一商品不同部分之间、同一商品使用前后效果之间的对比。此外，在视觉符号编码过程中，常通过色彩、大小、动静等设计元素来突出某一视觉元素。

双关，是指利用语音、语意条件，故意使一句话或一个词语有两种或两种以上不同含义的修辞方法。它可以使广告含蓄、生动、幽默，给人以回味无穷的想象。双关有两种形式，一是谐音双关，一是语义双关。无论是谐音还是语义，其原理都是同一句子或词语在两个以上的意义系统中充当某种组成部分。双关修辞中，某句子或词语的意义有本意和派生意之分。

比拟，分为拟人和拟物。拟人就是把物当作人来描写，把人的感情、动作、状态和语言赋予被描写对象，增强广告的感染力。拟物是把人当物，或把此物当作彼物来写，借以深化感情，造成别致的意趣。无论是把人比作物还是把物比作人，都能造成受众的认知冲突，呈现出人意料的"奇观"，这对增加广告的关注度和记忆度都有很好的效果。广告的语言符号中，拟人的修辞通常是将常用于人的词语、句子用于物。

排比，广告语言符号中使用排比可以使语言流畅、节奏明快，并且可以形成一种强大的气势。在广告的非语言符号中，三个以上类似画面元素的排列构成排比，可以让整个画面更具冲击力。此外，在广告中所有的系列广告都可以看作广告的排比修辞。系列广告以三组以上统一的主题、相似的画面构成更高一级的广告符号系统，形成更大的传播攻势。

8.2 广告的隐喻符号

8.2.1 增强广告语言表达的修辞功能

直白的表达能够更直接、更清晰地反映广告诉求，而平铺直叙的广告语却往往会在众多广告词中显得苍白无力，缺乏艺术的魅力。因此，很多时候广告并不适合直白的表达。

修辞手法能为平凡的广告语增添色彩和魅力，隐喻能使广告表达通俗、易懂，更便于理解。亚里士多德认为，修辞能够为平易的文体增加魅力和特色。同其他任何一种修辞形式的应用一样，使用隐喻主要是为了在口头或书面表达中产生特别的效果。贺拉斯提出，隐喻应展示和谐的而非新奇的关联。朗基努斯认为，隐喻作为一种修辞手法，能够增加文体的感情渲染作用，有助于产生崇高文体。

如图所示，"和谐共生"广告以"鲸鱼""海豚""帆船"为主题元素进行海报设计，人们使用隐喻是为了从熟悉的、有形的、具体的、常见的概念来认识生疏的、无形的、抽象的、罕见的概念，用已知的世界来认识未知的世界，用简单常见的事物来描写纷繁复杂难以言状的事物，从而使所说明的事物或概念变得容易理解。

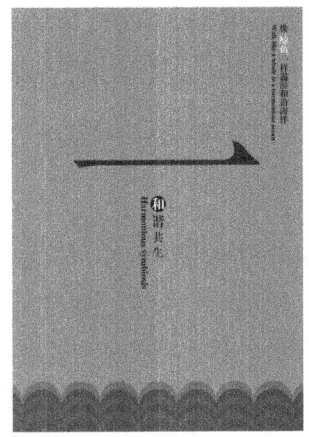

图片来源：指导 16 级学生设计作品

广告为表达新知识或是提出新概念，总是需要一定的话语构架作为载体。隐喻，既能增加语言厚度、深度，也提升了广告的易读性，强化了广告的记忆性。例如，百达翡丽手表就是通过在广告中使用旅程这个隐喻为消费者缔结强烈和持久的盟约，提出了"没人能拥有百达翡丽，只不过为下一代保管而已"的口号，"手表在消费者中代代相传，它的拥有者只是在传家宝的旅途中荣幸地经历了一段路程而已。"奥妮洗发露的广告更是只用了简简单单的"黑头发、中国货"六个字，就通俗易懂地把产品所代表的种族、文化、心态、形象及其他的侧面都展现在人们眼前，令人充满民族自豪感。

隐喻使广告表达生动、形象，具体可感，有利于人们经验的积累。因为隐喻不仅是人们感受世界的产物，更是人们感受世界的过程。中国一些学者更明确地指出隐喻作为一种语言现象和认知行为动作以其特有的修辞功能和表达效果在广告中得到广泛应用。消费者在对产品选择时通常选择或能听的、或能看的、或能感受的、或能触摸的作为判断基础。各种产品或服务的性质和特点又不尽相同，虽然通过图片能见到外形，但其特点与优势是看不见的，况且有些产品本身是看不见摸不着的。凭借语言这一重要资源和手段，可以建立两个以前不太相关的事物或现象间的联系，将无形的不可触摸的概念化为可理解的具体的事物。

隐喻使得广告表达通俗、易懂、便于理解；隐喻使得广告表达生动、形象、具体可感；隐喻使得广告表达新颖、有力、言简义丰；隐喻使得广告表达柔和、有力、含蓄婉转。

8.2.2 增强审美功能

在广告营销活动中，赤裸裸的商业叫卖往往会引起消费者的反感和抵触情绪，而诗意化的隐喻能够消解广告传播的生硬感，展示产品的美好意蕴和形象，带给消费者美的享受。同时，也会使消费者沉浸于对产品或服务的感性认同中。

既然隐喻是两类事物间的感知，替换的缘由又基于相似点，因此隐喻又带来了目标域的模糊性与不确定性，这种模糊性与不确定性使得隐喻语言透着诗性智慧的本质。

在美学语境中，隐喻语言的表达能力会超越一般的语言学意义，它允许作品的接受者进行高度的主观解释。人们可以通过隐喻将不属于同一范畴的事物归结在一起，通过映射关系，引发或唤起丰富的意象。广告诗意化隐喻不但能建构商品符号，赋予产品以诗性魅力，而且能够让建构的符号回归人自身的欲望。例如，中国水墨元素是传统文化中的一种特殊语言，其独有的形色、情趣、意蕴传递的东方文化深厚的哲学内涵及特有的审美体验，使其成为中华文化的瑰宝。水墨广告中所呈现的情景交融、虚实相生的艺术特点，可以传达出"无画处皆成妙境"的艺术意境，具有强烈的隐喻效果。

隐喻能营造美好的品牌形象。广告诗意化是企业对品牌人文意义的自觉追求，也是对传统文化资源的再利用，这种应用能够在消费者心理上唤起认同和共鸣。隐喻可以有效地传达产品属性的信息，并能在相关物和品牌之间转移意义。因为隐喻能够赋予陌生的广告或服务人们熟知的形象或意义，这被认为是隐喻所具有的独特效果。广告通过隐喻赋予产品附加价值，可以使食物吃起来更美味，可以使衣服穿起来更美妙，可以让汽车开起来更自信，也可以让聚会看起来更欢畅。

在广告中运用隐喻手法，更多的是通过唤起受众对形象和情感的体验来实现广告心理说服的目的,引导受众产生积极的联想。这样的联想会让消费者从心理上加深对品牌的认知和情感,更好地增强对品牌个性的记忆,为受众进一步行动奠定心理基础。

8.3 广告符号的解构与重组

8.3.1 广告符号的解构

视觉语言是创意表现的核心手段,广告人通过重新组合视觉符号,获得具有全新意义的创意概念,即人们常说的旧元素新组合,在大众传播的语境下,电视符号的运作机制可被解构为:通过系统化选择、编码与传输符号,使接收者能够准确理解传播者预期的意义指向。一种"符号"能够代表某种事物或概念的记号或形象。

符号代表的含义之间存在着固定的对应关系,广告传播的行为在本质上是一种符号化传播的过程,大众传播过程中充满了符号和由符号构成的文本,需要将繁杂的商业信息进行压缩和提炼,并在受众脑海中有对应的符号,而广告创意就是要对此类传播符号进行转换、重组及升华,以促进符号的表现力和传播力,增强商品的附加价值。

符号的解构和重组将科学的符号学原理运用于图像,可以揭示多层面的意义,解构是重组的前提和基础,重组是解构的目的和结果。解构也可被称为符号的解码过程,是对其视觉符号中的元素打破和拆分,也是对原有结构的破坏和分解,广告中的创意解构,并不是随意拆分和胡乱拼凑,而是在整体上把握事物的基本特征,从逻辑上打破正常结构和心理模式,与新的事物发生意想之外的重组,或将其置入新的环境中。

解构为符号的重组带来了便利条件,可以根据创意概念的需要,先将事物进行符号意义的分解,使之成为再造的元素,打破事物陈旧印象和再生性的思维形态,可以赋予熟悉的事物一个全新的含义,并揭示出多方面的意义,为广告设计提供强有力的表现途径。

8.3.2 广告符号的重组

修辞是一种典型的符号重组行为,但单一的视觉元素重组不能代表广告创意的全部,因为广告是服务于营销目的的,作用于目标消费者各类感官的综合传播行为,这类传播行为由语言符号、视觉符号、听觉符号和视听语言符号组成。

从概念创意上看,重组的是符号的内容;从表现创意上看,重组的是符号的形式。

图片来源:指导 18 级学生设计作品

同类符号之间的解构与重组，是对视觉符号之间存在的多种重组关系的一种梳理，另一种是把创意的线索延伸到所有创意表现符号之间共同的重组关系中。

大多数元素的符号重组，发生在图形与文字这两种不同类型的语言符号之间。如果将文案和图形割裂开，都是很普通的表达，但是一旦将它们放在一个画面中，就会产生化学反应。虽然形式不同，但内容上仍然存在结构上的错位和重组关系。

创意正是产生在各类符号的重组关系之中。将创意形象化，就是将解构过的概念重新组合，产生能让消费者接受的千言万语。

第 9 章 广告心互动

本章主要研究广告对消费者的心理与购买行为之间所产生的影响的关系。在广告对消费者发生作用的过程中，消费者的心理活动也经历着一定的变化。研究广告的心理过程，也就是研究消费者接受广告的心理过程。广告心理学家把广告的心理过程归纳为注意—兴趣—欲望—记忆—行动5个阶段。

广告是否能达到预期的效果，取决于它能否让消费者产生清晰的认知，激起消费者情感的共鸣，进而产生消费者的购买意愿和购买行为。

9.1 服务心互动（感知）

广告传播后，要及时了解目标受众的感知情况。广告服务能让多少目标受众接触到广告、接触的频率如何？在接触广告后，目标受众对产品的感知程度是怎样的？这是值得广告服务业思考的问题。

9.1.1 服务与感知

消费者接触广告信息是从广告认知过程开始的。其中，注意是通向消费者心理世界的门户，吸引受众注意是广告成功的前提。在广告活动中，消费者是通过感知器官来接收广告信息的。感知是消费者认识广告商品的开端，没有良好的感知，就不可能进一步认识广告推介的是什么商品，更无法了解其意义。

感觉与知觉是产生感性认识的心理过程，人们常常把它们合称为感知。广告人要把握好目标受众对广告的感知情况，让广告能够在众多广告中获得关注。

1. 感觉

感觉是人们通过感觉器官对客观事物个别属性的反映，它是由外部客观世界的一定刺激直接作用于有机体的一定感觉器官引起的。感觉一般可以分为两大类：外部感觉和内部感觉。属于外部感觉的有视觉、听觉、嗅觉、味觉和触觉。属于内部感觉的有运动感觉、平衡感觉和内脏感觉。

有经验的厂商在设计、宣传自己的产品时，总是千方百计地突出其与众不同的点，以增强商品的吸引力，加深消费者对商品的第一印象，使消费者产生"先入为主""一见钟情"的感觉。

感觉具有适应性、对比性、补偿性和联觉性，对其进行运用对人们的消费心理具有重要影响。

1）感觉的适应性

刺激持续不断地作用于人的感觉器官而使其产生变化，使感觉阈限升高或降低，这就是感觉的适应。生产厂家和营销人员经常运用感觉的特性，利用各种手段增大商品对消费者的刺激，以引起消费者对商品的注意，达到促进商品销售的目的。

2）感觉的对比性

同一感觉器官接受不同刺激会产生感觉的对比现象。不同感觉器官之间的相互作用，会引起感觉的增强或减弱。属性相反的两个刺激在一起或相继出现，都倾向于加大差异。因此，在广告设计或商品陈列中，亮中取暗、淡中有浓、动中有静等手法正是对比效应的具体应用，有助于吸引消费者的注意。

3）感觉的补偿性

某种感觉有缺陷，可以由其他感觉来进行补偿。

4）感觉的联觉性

这是指一种刺激产生多种感觉的心理现象。例如，颜色之所以分冷色、暖色，并非颜色本身有温度，而是出于人们对颜色的主观感觉。因此，颜色是商品包装和商品广告中最重要的元素之一。它不仅能强烈地吸引人的注意力，而且很容易引起人的联想和诱发人的情感，对人们的消费行为产生重要影响。

2. 知觉

知觉是人脑对直接作用于感觉器官的事物的整体反映。知觉是在感觉的基础上进行的，是以头脑中各种感觉信息的存在为前提的。根据知觉过程中哪一种感觉器官活动起主导作用，可把知觉分为视知觉、听知觉、触知觉、嗅知觉等；根据知觉对象的性质又可将其分为空间知觉、时间知觉、运动知觉、社会知觉。

知觉是消费者对消费对象的主动反应过程。这一过程受到消费对象的特征及个人主观因素的影响，从而表现出某些独有的活动特性，具体表现为选择性、整体性、理解性、恒常性等。

1）知觉的选择性

现代消费者置身于商品信息的包围中，随时都会接收到各种消费刺激。但是，消费者并非对所有刺激都做出反应，而是有选择地把其中一部分刺激作为信息加以接收、加工和理解。这种在感觉基础上有选择性地加工、处理信息并加以知觉的特性，就是知觉的选择性。

2）知觉的整体性

在认知商品的过程中，消费者经常根据消费对象各个部分的组合进行整体性知觉。之所以如此，是因为通过整体知觉可以加快认知过程，获得完整、圆满、稳定的心理感受。

3）知觉的理解性

知觉是在知识经验的参与下形成的。消费者在以往的生活实践中积累了一定的商品知识和经验，只有借助这些知识和经验，消费者才能对各种感觉到的信息加以选择和解释，并将其认知为确定的事物。

4）知觉的恒常性

由于知识经验的参与和整体知觉的作用，人们对客观事物的认知更加全面和深刻。即使知觉的条件发生变化，知觉的映像仍能保持相对不变，即知觉具有恒常性。

知觉中的错觉是指在特定条件下对客观事物产生的不正确的知觉。常见的错觉包括图形错觉、方向错觉、形重错觉、形状错觉和时间错觉等。

3. 注意

广告要能引起消费者的注意。人们对广告是有戒备心理的，只有运用心理学中"注意"的原理，信息的传递才能为人们所接受。假如消费者对某个企业所生产或经营的某种商品毫无印象，则很难会预先产生购买欲，更不会在今后的购买活动中去有意寻找这种商品。

注意指的是心理活动对一定对象的指向和集中，如消费者专心地听广播广告，仔细浏览商场海报等，都是消费者将意识活动指向并集中于特定对象的注意。注意是一种意识状态，它不是一个独立的心理活动过程，而是伴随着感知、记忆、思维等心理过程出现并存在于其中的一种共同的心理活动特性。例如，人们提醒他人"注意听""注意看""注意想"等。注意不仅存在于人的情感体验和意志行动中，也存在于人的认知过程中。

广告可以从以下几个方面引起目标受众的注意：利用广告刺激本身的特点、利用广告时空位置效应、适当进行重复、以广告的艺术性吸引受众、借力社会热点事件、用悬念广告吸引消费者注意。

9.1.2 服务与需求

消费者行为总是以需求为中心的。因此，广告活动就要探讨如何引导消费者产生新的需要，唤起消费者的潜在需要，强化消费者的现有需要，追踪消费者的动态需要等，做好广告服务。

1. 消费者的需求

1）引导消费者的新需要

消费者的新需要是伴随着对新事物印象的不断加深而产生的。广告对新商品的宣传应采取反复灌输的方式。如果浅尝辄止，那么就意味着市场的丧失。广告在引导消费者新需求的过程中具有重要作用。

2）唤起消费者的潜在需要

消费者只有意识到自己的潜在需要,才能产生购买动机。唤起潜在需要,所需的主要刺激源有广告刺激、商品自身的刺激。

3）强化消费者现有的需要

在通常情况下,广告的数量与商品的销售量成正比,广告做得越多,商品的销售量就越大。广告只有不断对消费者的需要进行强化,才能使企业巩固已有的市场,并在此基础上有所发展。

4）追踪消费者的动态需要

消费者的需要是动态的,影响消费者需要变化的因素也是多方面的。不同季节有不同的需要,不同时期也有不同的需要,不同时代还会有不同的消费潮流,还有重大的社会活动、生活事件等都会对消费者的需要产生影响。广告要有敏锐的触觉,适时追踪消费者的动态需求。

2. 需求策略

1）满足特殊的需要

如果一种商品（或服务）具有某种特殊功能,而这种功能又正好是唯一能满足消费者某种特殊需要的,那么广告就应该以消费者的这种特殊需要和商品的这一特殊功能为诉求点。也就是说,广告内容要介绍和宣传商品所具有的这一独特功能,即商品优点,以及商品所能满足消费者特殊需要的功能。

2）激发低层次的需要

当一种商品能同时满足人们的多种需要时,如果广告针对消费者的低层次需要进行大力宣传,起到的效果可以大大增强。

3）满足重要的需要

每个消费者在做出购买决策时,都会考虑满足自己的各种需要,而在各种需要中,总会有他们认为应该首先满足的。广告宣传就应该尽力抓住消费者的这一部分需要。

4）强调满足特定需要的重要性

每种商品都有其长处,也有其短处。然而商品的长处不一定是消费者最迫切的需要。在这种情况下,广告就要强调这种长处的重要性。

5)激发新需要

随着社会和科学技术的不断发展,一些用于丰富人们物质生活和精神文化生活的商品或服务不断出现。对于这些新商品或服务,消费者可能不了解,也不知道它们能满足什么需要。在这种情况下,广告就应该努力去激发人们的新需要。

9.2 体验心互动(接收)

9.2.1 多样的体验维度

广告要从不同的体验营销目的出发,有针对性地采取不同的广告战略,充分传达各种不同的体验感受,达到销售商品或服务某种体验的目的。

1. 广告的感觉体验

在广告中,感官体验是消费者接受广告信息过程中最本能的行为,也是引起消费者注意,使其产生购买兴趣最简单的方法,因此,它在广告中往往可以直接产生购买行为。感觉体验是通过视觉、听觉、触觉、味觉和嗅觉建立感官上的体验,是体验的第一个环节。

对视听媒体而言,单纯的画面常常很难表达一些非直观的、抽象的信息,这时声音就可以帮助画面完成创意者的既定想法。

只要不局限于传统媒体,在每一个与消费者的接触点方面思考,广告除给消费者视听体验外,还可以延伸到消费者的触觉、嗅觉、味觉的体验中去。

2. 广告的情感体验

广告应运用不同消费情景引发消费者的联想,让消费者体验到那种情感,从而决定是否采取行动。情感体验广告的诉求是要触动消费者内心的情感,目的在于创造喜好的体验,引导消费者对广告对象从略有好感到产生强烈偏爱。广告可引出一种心情或一种特定情绪,表明消费过程充满感情色彩。这种广告诉求的运作需要真正了解什么刺激可以引起某种情绪,以及如何能使消费者自然地受到感染,并融入这种情景。

通常可以利用的正面、积极的情感，如爱情、亲情、友情，以及满足感、自豪感和责任感等，或在诉求点上追求消费者的情感认同。但需要注意的是，情感体验广告不能仅仅把诉求点放在产品上，还要将对消费者的关怀与产品利益点完美结合，获得广大消费者的共鸣。例如，德芙巧克力的电视广告，以流动的丝绸来突出巧克力的丝滑口感。感受体验营销要触动消费者的内心情感，创造消费者喜欢的体验，引导消费者从对某品牌略有好感转变为强烈的偏爱。

3. 广告的思维体验

思维营销启发人们的智力，让顾客创造性地获得认识和解决问题的体验。思维体验的另一功效是增强记忆。心理学研究表明，人们在努力理解一件事的时候，处于聚精会神的状态，会对细节格外关注，并以过去的经验、知识为基础，集中脑力，以便对事物做出最佳解释和说明。结束后，事物依然能在脑中留下深刻印象。激起人们思考的状态有很多，如惊讶、好奇、有兴趣、被挑衅等，而"思考"的目的是鼓励消费者进行有创意的思维活动，从而能认知并记忆广告中的画面和产品。

广告中的思维体验，让消费者如临其境，就像是舞台中的一名舞者，跟随广告的韵律翩翩起舞。体验广告在与消费者交流和互动中，传达了感觉、感受、思维及行为体验。它不但能够牢牢抓住消费者的心，而且能够提供给人们愉悦的体验情境、淡化广告的商业色彩、激发人们对消费的热忱，让消费者在自身的满足中不知不觉地认可广告、认同产品或服务。

4. 广告的行动体验

行动体验是消费者在某种经历之后形成的体验，这种经历或与他们的身体有关、或与他们的生活方式有关、或与他们跟人接触后获得的经历有关。行动体验主要侧重于影响人们的身体体验、生活方式等，展示做事情的其他方法或另一种生活方式，以丰富消费者的生活。

5. 广告的关系体验

关系体验包括感官、情感、思考与行动等层面，但它超越了"增加个人体验"的私人感受，把个人与其理想中的自我、他人和文化有机联系起来。消费者非常乐意在某种程度上建立与人际关系类似的品牌关系或品牌社群。而关系体验正是要激发广告受众对自我改进的渴望，或让周围人对自己产生好感的欲望等。

总之，互动体验是广告彰显"用户体验"与"参与互动"，让用户主动参与到与品牌相关的活动中，体验品牌，更了解品牌个性和想传达的信息，乃至成为品牌的"粉丝"。新媒体技术本身的交互传播即时性和便利性，为互动增加了更多的可能性，也创造了不同的体验方式。

有特色的体验诉求和有效的表达会大大提高广告的效果，而广告体验者在一定的物质或精神激励的刺激下，则会主动地、深入地、全面地了解、认可或试用产品。

9.2.2 体验与记忆

广告要给予目标受众良好的体验。目标受众对于品牌的认知程度如何，是否能够接收到广告信息，对广告的体验如何，对广告信息的了解度、记忆度是否有所提高，这些都是在广告活动中要关注的内容。商家总是希望受众群体除能够有效获得广告传达的信息外，还能在一定时间内记住这些信息，最终促进消费。

1. 受众记忆的过程

在广告活动中，消费者对广告信息的记忆，是帮助他们思考产品、做出购买决定不可或缺的条件。广告应当使消费者"过目不忘"，将广告中的品牌牢牢记在心上。优秀的广告作品不仅能引起消费者的注意，还能使消费者产生肯定的情感。

消费者对广告的记忆过程分为识记、保持和再现（包括再认和回忆）3个基本环节。对广告的识记和保持是前提，回忆和再认是结果。这3个环节是相互联系、相互制约的完整统一的过程。

2. 广告记忆的加工过程

按照信息加工论的观点，广告记忆被分为3种类型：瞬时记忆、短时记忆和长时记忆。这3种类型的记忆构成了一个完整的广告信息记忆加工过程。

3. 让受众记住广告信息的方法

广告受众接受了广告传递的信息后,即使对广告产生了良好的印象,一般也不立即去购买。只有等他们产生了购买的需要后,才决定购买何种产品。因此,如何让消费者避免遗忘,排除干扰,迅速并长期记住广告,就成了广告创作者必须要考虑的问题。具体可从以下方面着手:利用重复与变化增强对广告信息的记忆效果;吸引消费者的注意,拉近与消费者的距离;加深消费者对广告的理解可强化受众的记忆效果;广告信息量要恰当;利用视觉记忆优势;让消费者动用多种感官参与广告学习、记忆活动;利用联想记忆的规律。

在体验经济时代,广告不再作为展示商品和服务的工具,从广告中获得体验成为一种新的导向。为了求得良好的销售业绩,广告主越来越关注目标受众的心理需求,希望广大受众能够从以体验为核心价值诉求的广告作品中充分地感知品牌能够带给他们的各种利益,从而在得到美好体验感受的同时加深对品牌的记忆,选择购买或重复购买产品。

9.3 感受心互动(接受)

"广告的根本是说服"。简单来说,"说服"就是 "用理由充分的话使别人信服",说服的结果是目标受众接受广告内容,在态度或行为上发生转变。因此,要考虑目标消费人群在认知与接受广告信息后的感受、接受程度、态度,是否由于广告影响而产生购买行为。

通过广告活动,消费者对广告、品牌及企业产生良好的态度或转变不良态度,产生购买欲和购买行为。

9.3.1 感受的情感反应

大多数研究表明,当一则广告作用于消费者的感官时,会引起两方面的反应:一方面是消费者对广告内容的认知和理解;另一方面是消费者对广告的情感反应。这两方面的结合形成了消费者对商品的态度,并直接影响他们的购买行为。一般来说,消费者对广告的情感反应所起的作用主要体现在以下方面。

1. 影响认知过程

广告不仅能引起人们的情感体验，还能加深人们对广告的理解和回忆。消费心理学研究表明，当情感与广告的内容一致时，人们对广告的回忆量显著增加。

2. 影响消费者对商品的态度

认知和情感作为态度体系中的两个重要组成部分，对态度的形成和发展有着重要作用。因此，广告引起的对广告内容的认识理解和情感体验（积极和消极）会直接影响消费者对商品品牌的态度。

3. 影响消费者对品牌的选择

消费者通过感受特定的广告信息，很容易把广告所宣传的商品通过经典条件反射作用与品牌联系起来，并最终影响到消费者对该品牌的态度和选择，以及消费者是否购买该品牌商品。

4. 情感作用还可以转化为使用的经验

消费者感受到广告中的主人公使用特定品牌的商品时所产生的积极情感，并通过该广告的重复播出，由该广告所产生的同感就有可能转变为消费者的实际使用体验，促使消费者做出购买行为。

广告心理学的研究表明，对广告的态度及使用体验的转化，都会受到认知过程的影响。具体地讲，消费者的情感是基于对该商品特性的认识与评估而产生的，这些情感又会反过来巩固和加深消费者的认知；一则认知性的广告，即使它没有任何情感性因素，也还是可以引起人们对该广告的喜爱或讨厌。因此，消费者的情感反应和认知反应是相互作用和相互影响的。

9.3.2　感受的态度反应

1. 态度

态度是指个体对待人、物、思想观念的一种倾向性。这种倾向性用语言、文字表达出来就是意见。意见本身也是态度的表现，除意见之外，态度也可以通过行动表现出来。态度是一种心理倾向，它包括认知、情感和行为倾向性3个因素。

2. 形成积极态度的方略

1）通过品牌认知影响对品牌的态度

品牌认知是指消费者对某一品牌产品的认识。在广告中，为了让消费者对品牌保持良好态度，一方面要努力促进消费者对品牌产生好的认知，另一方面要努力减少消费者对品牌的不良认知。

2）通过广告态度影响对品牌的态度

广告态度对品牌态度具有情感迁移作用，好的广告有利于良好品牌态度的形成，坏的广告也可能导致不良的品牌态度。因此，制作令人信服、令人喜欢的广告十分重要。

3）直接建立消费者对品牌的好感

这种做法来源于经典行为主义的条件反射理论，即借助广告的重复，建立商品与某种特定情感的联系。许多啤酒、饮料广告都采用这一手段。

4）通过企业形象来影响对品牌的态度

在人们的思想中"有其父必有其子，有其母必有其女"的观念根深蒂固，并影响着人们对人、对物的看法和评价。特别是当人们在对某人或某物不了解的情况下，他们更容易根据其来源做出评价或态度反应。

5）公关新闻报道和赞助

公关新闻报道和赞助，不仅影响企业形象，也影响消费者对企业的态度和购买意图等。

3. 消费者态度改变的说服方略

广告策略主要是从消费者积极品牌态度形成的角度提出的。广告说服策略是从消费者态度转变的角度提出的。2个方面的策略有共通的地方，但也有区别和侧重。

1）直接说服宣传

消费者的态度结构中有认知成分。通过改变认知成分，可以转变消费者的态度。因此，可以考虑采用理性诉求手段，呈现强有力的事实和证据，以理服人。

2）展开情感攻势

在消费者态度的三种成分中，情感成分在态度的改变上起主要作用。消费者购买某一产品，往往不一定都是先了解它的功能特性，而是从感情上对它有好感,有愉快的体验。因而广告从消费者的情感入手,往往能取得意想不到的效果。

3)活动参与法

引导个体与态度对象接触,是改变态度的有效方法之一。俗语说得好,"耳闻不如目见,目见不如足践"。商家可精心策划一些营销活动,并调动消费者参与活动的积极性。这有利于拉近与消费者的距离,让消费者与产品或提供的服务来一次"亲密接触",既为消费者了解商品提供了机会,也有利于改变态度结构中的行为意向成分,对改变其态度当然有所帮助。

4)运用群体影响法

个人的态度与团体关系十分密切。当一个人对所属团体有忠诚感、责任心时,他就不会轻易违背团体规定。每个人都生活在不同团体中,受所属团体的制约,所以从团体关系着手,如制定团体规范、团体公约,就可有效地改变态度。

5)奖励方式

在广告中增加一些额外的奖励信息,使消费者在接受广告的同时,可获得一些与广告无关的东西,如小礼品。奖励是一种外在的正强化刺激。行为主义理论认为,这种正强化刺激可以增加消费者对广告及广告宣传的产品的好感。

9.3.3 感受的行为反应

感受的行为反应是指消费者因广告传播影响而产生的购买行为。促使消费者购买产品正是广告传播的核心目标。感受的行为反应主要涉及以下3个维度。

1. 购买行为

通过展现产品优势、问题解决能力及服务价值,激发消费者购买欲望,从而促使其产生购买产品或服务的意愿。

2. 信息搜索行为

消费者受广告影响后,会主动关注并检索相关产品及服务信息,用以评估当前或潜在的消费决策。

3. 口碑传播行为

当消费者对广告的产品或品牌服务产生高度认同时，会主动向他人进行推荐。其中女性群体展现出显著的传播效应，这种口碑传播能有效提升品牌影响力并拓展潜在客户群。

参考文献

[1] 陈刚,潘洪亮.重新定义广告:数字传播时代的广告定义研究[J].新闻与写作,2016(4):24-29.

[2] 姚曦,郭晓譞.逻辑与本质:技术赋能的未来广告[J].现代传播(中国传媒大学学报),2022,44(6):122-131.

[3] 刘刚田,田园.广告策划与创意[M].北京:北京大学出版社,2019.

[4] 张芯蕊.论中国古代广告发展和存在形式[J].艺术品鉴,2018(36):226-227.

[5] 朱英.近代中国广告的产生发展及其影响[J].近代史研究,2000(4):87-115.

[6] 孟琳.论近现代中国广告的发展[J].科技经济市场,2007(11):3-4.

[7] 廖秉宜.中国广告学科发展四十年的回顾、反思与展望[J].山西大学学报(哲学社会科学版),2019,42(1):110-117.

[8] 姬晓惠.整合营销传播中的广告策略研究[J].经济经纬,2007(5):130-132.

[9] 曹明福.广告定位的基本策略[J].商业研究,2002(1):130-132.

[10] 张金海.20世纪广告传播理论研究[M].武汉:武汉大学出版社,2002.

[11] 钱杭园,孙文清,杨小微.广告定位理论在我国的传播与运用[C]//2008年中国广告协会学术委员会年度会议暨全国广告学术研讨会论文集,2008:153-162.

[12] 高志.从usp法则到品牌定位的选择[J].辽宁师范大学学报(社会科学版),2000,23(1):36-38.

[13] 范登·伯格,海伦.广告原理:选择、挑战与变革[M].邓炘炘等,译.北京:世界知识出版社,2006.

[14] 李宗诚.广告文案的概念和特征新探[J].徐州师范大学学报（哲学社会科学版），2002（1）：155-157.

[15] 胡惠东，韩炼.广告创意与文案写作[J].当代传播，2005（3）：64-66.

[16] 詹秀华.如何发挥系列广告的整体优势：论系列广告文案的写作要点[J].应用写作，2005（12）：31-33.

[17] 林家阳，张蕊.广告创意与表现[M].北京：高等教育出版社，2023.

[18] 胡鸿影.用"系列"的方式推进品牌传播[J].湖南科技学院学报，2011，32（2）：188-190.

[19] 黄如.现代广告的创意概念研究[J].大舞台，2013（3）：159-160.

[20] 汪欣.创意产业与广告创意升级[J].统计与决策，2008（15）：184-185.

[21] 汤晓山.广告创意思维的阐述与建构[J].传媒，2015（22）：70-71.

[22] 蒋旭峰.广告创意：思维与技法[J].南京大学学报（哲学·人文科学·社会科学），1998（2）：179-188.

[23] 苏亚飞.图形设计在广告招贴设计教学中的创意思维与表现[J].文艺生活（下旬刊），2012（5）：173-174.

[24] 丰明高.广告视觉传达与创意表现[J].包装工程，2005，26（2）：135-137.

[25] 陈晓环.现代广告创意思维的研究[J].包装工程，2010，31（6）：84-87.

[26] 刘扉.论广告设计中的创意思维训练[J].消费导刊，2014（12）：188.

[27] 王娜.广告图形设计教学之创意性思维研究[J].企业导报，2016（20）：131.

[28] 郑红光.图形在平面广告设计中的创意性研究[D].浙江：中国美术学院，2011.

[29] 陈慧姝.广告设计中图形创意的艺术表现方法[J].包装工程，2015，36（8）：120-123.

［30］何卫东.图形创意组合在广告设计中的视觉魅力［J］.包装工程，2007，28（5）：156-157.

［31］龚莹莹.字体设计在现代广告创意中的应用分析［J］.青海师范大学学报（哲学社会科学版），2022，44（1）：160-164.

［32］罗雄.版式设计中的字体应用研究［J］.包装工程，2012，33（24）：139-141.

［33］胡思敏.浅谈色彩在广告设计中的运用［J］.美术大观，2016（6）：120.

［34］陈志芳.商业媒体广告设计中色彩艺术的价值体现［J］.色彩，2023（12）：38-40.

［35］任然.版式设计在平面广告中的应用［J］.大舞台，2010（6）：102.

［36］魏东.表象与内在：版式设计中的视觉层次、信息层次和概念层次［J］.美术大观，2010（3）：55.

［37］吴桦.版面设计怎样实现对受众视觉流程的最佳引导：兼谈版面的视觉中心与结构重心［J］.新闻研究导刊，2014（4）：30-32.

［38］张敏.广告视觉传达与美学法则的应用［J］.美术大观，2007（5）：74-75.

［39］贾国军，陈国华.论视觉对比语言在广告版式设计中的运用［J］.焦作大学学报，2014，28（2）：48-50.

［40］原博.广告媒体组合的新视点［J］.装饰，2005（3）：6-7.

［41］陈湛.为客户选择适当的广告媒体组合［J］.青年记者，2008（8）：60.

［42］李朝阳.广告媒体的比较研究及媒体组合问题［J］.新教育时代电子杂志（教师版），2017（32）：289.

［43］钱芳，赵璟燮.新媒体环境下企业广告媒体组合策略探讨［J］.传播力研究，2018（30）：144，162.

［44］陈一.论广告中的视觉符号：意义与修辞［J］.广告大观（理论版），2007（3）：83-87.

［45］梁建飞.广告视觉隐喻的符号意义生成机制［J］.包装工程，2017，38

（20）：109-111.

[46] 温华，刘祖斌.论广告图像传播的修辞现象及其心理研究［J］.武汉大学学报（人文科学版），2006，59（4）：497-502.

[47] 王雪松.视觉修辞手法在广告设计中的运用［J］.大舞台，2013（9）：115-116.

[48] 张芯玮，赵菁菁.平面广告设计中视觉隐喻的作用及创作技巧［J］.重庆交通大学学报（社会科学版），2019，19（4）：45-50.

[49] 夏海斌.广告视觉创意的符号学分析［J］.装饰，2010（2）：129-130.

[50] 宋正.自媒体背景下广告传播的记忆符号重构探析［J］.郑州大学学报（哲学社会科学版），2016，49（2）：140-144.

[51] 徐华明.浅析广告活动中广告受众的情感因素［J］.武汉科技学院学报，2008，21（4）：98-101.

[52] 晋燕燕.服务情境下顾客互动感知的内容结构与测量：基于互动仪式链理论的研究［D］.广州：暨南大学，2013.

[53] 张欣雨.基于用户体验的H5互动广告设计研究［J］.艺术科技，2023，36（21）：190-192.

[54] 谭亮.从传达走向体验：论广告中的互动设计创新［J］.美术学报，2011（6）：28-32.

[55] 唐甜.情感互动：流淌在设计中的血液［J］.西安社会科学，2011（2）：137-139.

[56] 苏道伟.浅谈感性消费时代的广告诉求策略［J］.科技经济市场，2016（10）：112-114.

[57] 张培勇.情感广告的优势及其创意模式研究［J］.艺术科技，2017，30（6）：271.

[58] 刘艺琴，郭传菁.平面广告设计与制作［M］.武汉：武汉大学出版社，2018.

[59] 李巍.广告设计［M］.重庆：西南师范大学出版社，2016.

[60] 赵光灿，杜轶姝，秦宇新.广告设计与创意［M］.北京：清华大学出版社，

2023.

[61] 黄合水，曾秀芹.广告心理学：第3版［M］.北京：高等教育出版社，2020.

[62] 余明阳.广告策划创意学：第4版［M］.上海：复旦大学出版社，2021.

[63] 庄黎，康娟.广告创意与表现：第2版［M］.武汉：华中科技大学出版社，2021.

[64] 刘春雷.广告创意与设计［M］.北京：化学工业出版社，2021.

[65] 萧潇.创意文案与营销策划撰写技巧及实例全书［M］.天津：天津科学技术出版社，2017.

[66] 诺曼.设计心理学［M］.小柯，译.北京：中信出版社，2016.

[67] 宗诚，王小枫.海报设计［M］.重庆：西南师范大学出版社，2021.

[68] 路明，徐帆.平面广告设计实用教程［M］.北京：清华大学出版社，2005.

[69] 崔生国.广告设计基础［M］.上海：上海人民美术出版社，2007.

资助说明

项目资助：2023年度广西高等教育本科教学改革工程项目"新时代美育视阈下高校公共艺术教育人才培养对策研究与实践"（项目编号：2023JGB387）的阶段性研究成果；2024年度中国陶行知研究会"十四五"规划"阅读与教师发展"专项课题：陶行知教育思想引领下美育助推高校教师核心素养的培育与提升（中陶会202411628GX）的阶段性成果；贺州学院2018年教材建设立项项目：广告策划与创意设计（项目号：hzxyjc201810）。

基金资助：广西首批命名的"铸牢中华民族共同体意识贺州学院研究基地"阶段性成果；"广西高校创新设计大数据重点实验室"阶段性成果。